器重天中

——驻马店历史文化陈列

驻马店市博物馆　编

中原出版传媒集团
中原传媒股份公司

大象出版社
·郑州·

图书在版编目(CIP)数据

厚重天中 : 驻马店历史文化陈列 / 驻马店市博物馆编.— 郑州 : 大象出版社, 2018. 1
ISBN 978-7-5347-9517-6

Ⅰ. ①厚… Ⅱ. ①驻… Ⅲ. ①历史文物—驻马店—图集 Ⅳ. ①K872. 613. 2

中国版本图书馆 CIP 数据核字(2017)第 220069 号

HOUZHONG TIANZHONG

厚重天中

——驻马店历史文化陈列

驻马店市博物馆 编

出版人 王刘纯
责任编辑 李小希
责任校对 万冬辉 裴红燕
封面设计 倪庚鑫 吴迪珂
摄影 谢晋一 倪庚鑫

出版发行 大象出版社(郑州市开元路 16 号 邮政编码 450044)
发行科 0371-63863505 总编室 0371-65597936
网址 www.daxiang.cn
印刷 郑州新海岸电脑彩色制印有限公司
经销 各地新华书店经销
开本 787mm×1092mm 1/16
印张 22
字数 340 千字
版次 2018 年 1 月第 1 版 2018 年 1 月第 1 次印刷
定价 95.00 元
若发现印、装质量问题,影响阅读,请与承印厂联系调换。
印厂地址 郑州市文化路 56 号金国商厦七楼
邮政编码 450002 电话 0371-67358093

馆内场景图一

天中山

序

驻马店市地处淮河上游，西倚山地，东控平原，南衔长江，北靠黄河，地理位置优越，自古以来就有“豫州之腹地，天下之最中”的美誉。《尚书·禹贡》载：“天下分为九州，豫州在九州之中，汝南（今驻马店市汝南县）在豫州之中。”西周时期，周公旦观天象、测地中，于汝南置圭表，设测景台。唐代太子太傅、大书法家颜真卿莅临蔡州治所汝南，在周公遗迹边留下了“天中山”之墨宝。驻马店也因此被人称为“天中”。

天中形胜，物华天宝，人杰地灵。远古遗址林立其间，故城遗迹星罗棋布，南北文化碰撞交融。在泱泱中华五千年文明绵延不断的历史长河中，作为中原腹地，这里孕育了勤劳勇敢的天中儿女。他们在生产生活实践中不断吸纳南北文化的精华，开放包容，兼容并蓄，创造了辉煌灿烂的天中文化，为后世留下数不尽的珍贵历史遗存：八千多年前的裴李岗遗址，全国保存最好的西周故城遗址——上蔡故城，有“中华第一炉”之称的西平酒店冶铁遗址，有“小延安”之称的中共中央中原局旧址等，众多古遗迹、古建筑、红色遗址见证着天中历史文化的源远流长。除此之外，天中大地上还出土了许多拥有重大历史意义的国宝级文物，为天中历史提供了完美注脚。上蔡郭庄楚墓出土的精美青铜器等一批珍贵文物，见证了春秋时期楚国侵占蔡国疆域后，以蔡国为桥头堡，虎视中原、逐鹿天下的恢宏气魄；新蔡葛陵楚墓出土的娟秀简文及兵器铭文，揭示了楚国军事力量在天中地区不断东移，逼迫蔡国数次迁都的历史脉络。这些珍贵的历史遗存为悠久的天中历史和厚重的天中文化涂上了浓墨重彩。

天中大地孕育了许多享誉中外的名人贤士：上蔡人李斯，辅助秦始皇完成统一大业，被世人尊为“千古一相”；上蔡人桓宽，西汉后期才华出众的散文家，撰写了在中国经济思想史和文学史上均具有重要价值的《盐铁论》；慎阳（现驻马店市正阳县）人黄叔度，东汉博学多才的著名贤士，天下号曰“徵君”，出身贫贱，却满腹经纶，德高行洁，被盛赞“汪汪如万顷之陂。澄之不清，扰之不浊”；新蔡人干宝，东晋文学家、史学家，撰写志怪小说《搜神记》，是中国志怪小说的鼻祖；泌阳人范缜，南北朝时期著名的唯物主义思想家、杰出的无神论者，著有中国无神论丰碑之作《神灭论》；确山人杨靖宇，无产阶级革命家、军事家、著名抗日民族英雄，建立了河南第一支革命武装——确山农民革命军，指挥东北抗日联军与日寇奋战，在白山黑水之间谱写了一首感人肺腑的英雄史诗。

天中大地流传着许多美丽的传说，传说文化业已成为驻马店最具影响力、吸引力、辐射力的文化品牌。驻马店先后被命名为“中国盘古圣地”“中国嫘祖故里”“中国重阳文化之乡”“中国梁祝文化之乡”“中国车舆文化之乡”“中国冶铁文化之乡”“中国女娲文化之乡”，堪称“中国传奇之都”。相传为开天辟地之处的盘古山，绵延千年的“盘古庙会”，泌阳县盘古文化展示了一幅真实的神话图卷；春秋时期的重阳登高地——望河楼，具有全国影响力的重阳文化节，上蔡县重阳文化传承弘扬了尊老爱老的传统美德；古代西陵国的所在地西平董桥新石器文化遗址，人文女祖、西陵之女——嫘祖故里拜祖大典，西平县嫘祖文化谱写了传承炎黄文明的悠扬诗篇；春秋战国冶铁铸剑中心——方圆达 480 平方公里的古冶铁区，濒于失传的造剑工艺重新问世，西平县冶铁文化展示了中华文明迈入铁器时代的辉煌；夏禹时期挚国（今平舆县）“车正”奚仲造车的历史记载，流传四千多年的太平车制作工艺，平舆县车舆文化堪称传统手工业的“活化石”；传诵千年的梁祝爱情传说，凄美故事的发生地，汝南县梁祝文化令无数游客流连忘返。另外，还有女娲文化、伏羲文化、西游文化等。这些历史传说书写着驻马店的精彩篇章，构成了天中儿女共同的文化记忆。

悠久的历史孕育古老的文明，灿烂的文化诉说天中奇迹。蔚为大观的驻马店文物，是华夏优秀文化的重要物质载体。为更好地传承弘扬天中历史文化，彰显驻马店在中华优秀传统文化中的独特地位，驻马店市博物馆以“厚重天中——驻马店历史文化陈列”的形式，将驻马店丰厚的历史文化积淀具象化地呈现给广大读者，使大家既受到文化的熏陶，又受到美的感染，进而感悟历史、拓展知识、升华心灵。

这些携带历史信息和凝聚天中精神的优秀历史文化遗产，娓娓讲述着悦耳动听的远古故事。它们记录着驻马店昨天的辉煌灿烂，激励着驻马店今天的砥砺前行，更孕育着驻马店明天的美好畅想。

是为序。

驻马店市文化广电新闻出版局局长　李林清

2017 年 5 月

目 录

绪言

盘古开天日月初照，土圭测景千古建表。
邦国林立先贤履迹，楚风北渐蔡地长歌。
汝南郡地沃壤广野，才俊毕集奇士半朝。
龙渊淬火剑铁未销，梁祝化蝶文脉绵长。
汝宁旧府风云激荡，竹沟圣地星火燎原。

“驻马店”一名肇始于明代。据史料记载，汉代这里因盛产苎麻而取名“苎麻村”。明天顺初年(1457)“苎麻村”西部形成小集镇，附近村落皆以“苎麻”称之。明成化十年(1474)，崇简王朱见泽封藩汝宁(今汝南)，建庄于苎麻镇，并在此设驿站——官差换马的地方，遂谐 “苎麻”音改为“驻马店”。

驻马店历史沿革
旧石器时代已有人类活动
距今七八千年进入新石器时代
夏禹时期有蔡、吕、挚、柏等部落或方国
西周时为蔡、沈、江、房、柏等国封地
春秋战国时分属楚、江、沈、蔡、道、房、柏、韩等国
秦时先后属颍川郡、陈郡
两汉时属汝南郡
三国两晋南北朝时，大部属汝南郡，部分属南阳郡、汝阴郡
隋时属汝南郡
唐宋时分属蔡州、唐州
元初分属蔡、息、陈、唐四州，后改归汝宁府，以至明清
1913 年，汝宁府归豫南道管辖，1914 年豫南道改为汝阳道
1932 年改道设河南省行政第八区专员公署
1949 年 3 月设确山专区，8 月改为信阳专区
1965 年 7 月信阳、驻马店分治，设驻马店专区
1979 年改驻马店地区
2000 年 6 月，撤地设驻马店市

驻马店是中华文化的发源地之一，盘古开天地的传说广为流传。考古发现的多处旧石器时代遗址，说明这里早在数万年甚至数十万年前已有人类繁衍生息。新石器时代南北文化的碰撞与交流，夏商周时期的夷夏交融，蔡、吕、挚、柏、江、房、沈等侯国的此消彼长，尤其是楚风北渐，扩地千里，在周公测景得出的“天中”地区，文化融合成为时代发展的主旋律。秦汉以来，汝南立郡，汝宁设府，“汝半朝”的美誉，蔡州的诸多遗事，棠溪河畔的纯青炉火，梁祝化蝶的凄美故事，以及近现代点燃的革命烽火，一幕幕富有文化内涵的、鲜活的历史剧在天中的舞台上上演。而如今，厚重的文化积淀、融汇东西的历史传承、自强不息的人文精神，正是天中人民砥砺前行的力量源泉。

第一章 启封文明

天中地区，作为古老黄淮土地上的一颗璀璨的明珠，在上古时期就有人类在此生存繁衍。盘古开天地的传说及境内旧石器时代遗址的发现，证明在数万乃至数十万年前我们的祖先已在这里繁衍生息。进入新石器时代以后，尤其是在新石器时代中后期，天中地区成为南北、东西文化的交汇之地，华夏、东夷、苗蛮集团在这里相互渗透，创造了富有特色的区域文化。迄今发现的一百多处新石器时代遗址，遍及每一个县区，涵盖了裴李岗文化、仰韶文化、大汶口文化、屈家岭文化、龙山文化等，是天中地区文化融合的最早例证。

一、混沌初开——旧石器时代文化

确山县后胥山遗址

后胥山遗址，位于确山县刘店乡后胥山北，系更新世中晚期洞穴和裂隙堆积，共有 6 处。发现有烧土、烧骨灰烬遗迹。出土有狗、鹿、犀牛、龟、鼠、羊、鱼等动物化石 20 余种，以及骨制尖状器 1 枚。

确山县后胥山 1 号裂隙堆积

带有砍痕的动物肢骨

祖鹿牙齿

确山县后胥山遗址出土

食肉类动物头骨

确山县后胥山遗址出土

龟化石

确山县后胥山遗址出土

獾头骨

确山县后胥山遗址出土

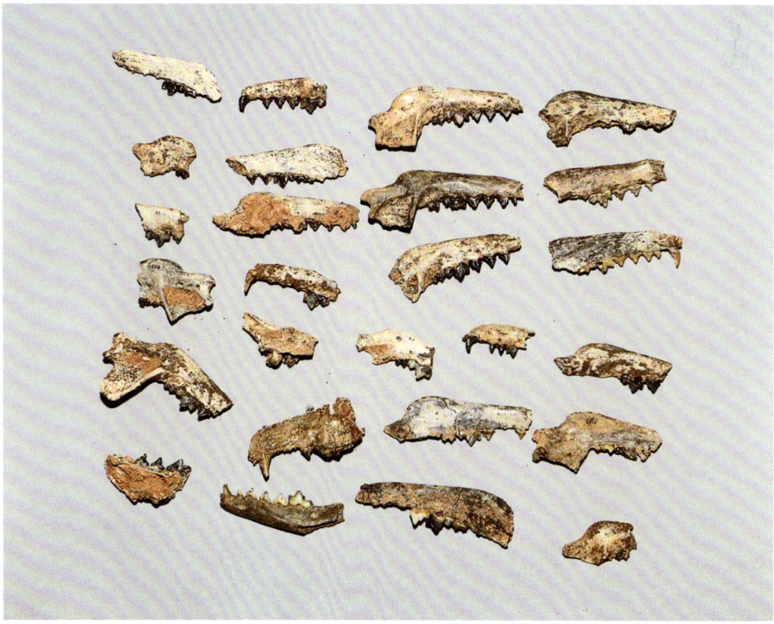

食肉类动物下颌骨

确山县后胥山遗址出土

豹类下颌骨

确山县后胥山遗址出土

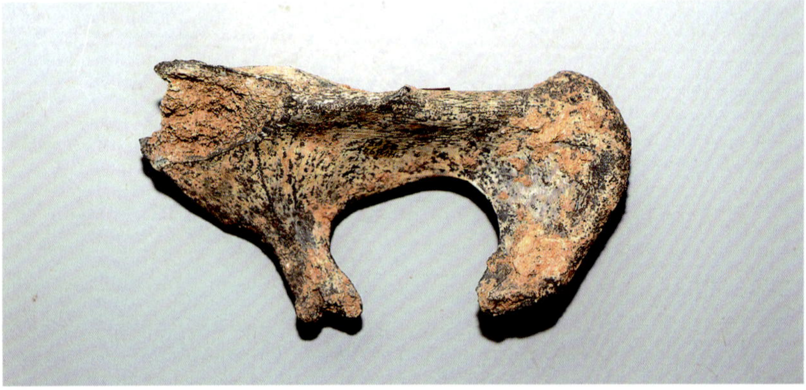

食肉类动物盆骨

确山县后胥山遗址出土

熊臼齿

确山县后胥山遗址出土

确山县打石山遗址

打石山遗址，位于驿城区朱古洞乡柴坡村西，面积约5000平方米，出土有三门马、野牛、鹿等化石和红烧土块，系旧石器时代中期的洞穴遗址。遗址出土的红烧土块表明，远古人类已学会用火。在人类的演化史上，打石山人已跨出了具有划物种意义的一步。

确山县打石山遗址远景

三门马化石

确山县打石山遗址出土

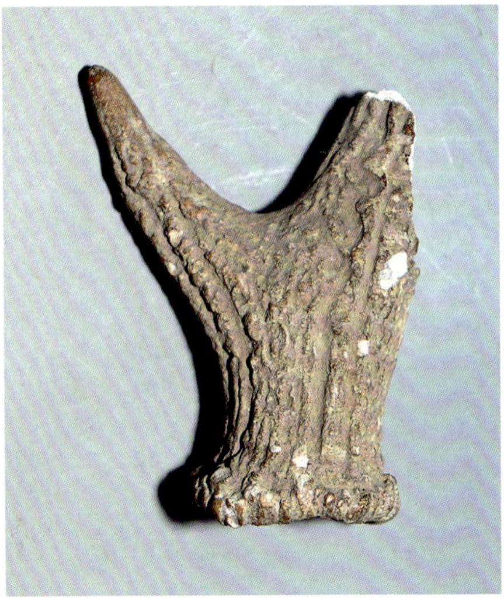

鹿角化石

确山县打石山遗址出土

新蔡县诸神庙遗址

诸神庙遗址，位于新蔡县练村镇姚庄北洪河北岸，面积约 300 平方米，系一处旧石器时代晚期遗址，曾出土有纳玛古象牙化石等 17 种哺乳动物化石。

新蔡县诸神庙遗址远景

新蔡县诸神庙遗址现场

纳玛古象牙化石

残长 45 厘米　直径 19 厘米

纳玛古象牙化石

残长 186 厘米　最宽直径 19.8 厘米

中国盘古圣地——盘古山

盘古是我国古代传说中开天辟地的祖先。位于泌阳城南 15 公里的盘古山，又名九龙山，传说是当年盘古开天辟地的地方。

远古时天地混沌，像个大鸡蛋，盘古就生长在这个大鸡蛋中。经过一万八千年，天和地分裂开来，阳清为天，阴浊为地。盘古在天地当中，智慧超过天，能力超过地。天每天升高一丈，地每天加厚一丈，盘古的身子也每天伸长一丈。这样又经过一万八千年，天极高了，地极厚了，盘古的身子也极长了。盘古临死时，呼出的气成了风和云，声音成了雷霆，左眼变成太阳，右眼变成月亮，四肢五体变成大地的四极和五方的名山，血液变成江河，筋脉变成道路，肌肤变成田土，头发和髭须变成天上的星星，皮肤上的汗毛变成草和树木，牙齿和骨头变成金属矿物和岩石，精髓变成珍珠和美玉，流的汗变成雨……盘古用他的身体化成世界万物。

至今，泌阳地区还流传着盘古滚磨成亲、盘古捏泥人、盘古爷繁衍子孙等神话传说。2007 年，盘古神话被确定为第一批河南省省级非物质文化遗产。盘古神话开创了中原文化之路，是华夏文化的底蕴，是诸多传统文化的渊源和基础。盘古神话集中了华夏民族的优秀思想品质，开创、团结、文明、正义的民族精神是盘古神话的精髓。

农历三月初三是祭祀盘古的日子。为了表达对盘古始祖的崇拜和敬仰之情，人们自发地来到盘古山上举行盛大的拜祭活动，久而久之，形成了一年一度的盘古庙会。

盘古山、盘古庙

二、南北汇融——新石器时代文化

新石器时代，指以使用磨制石器为标志的人类物质文化发展阶段，是原始社会氏族公社制由全盛到衰落的一个历史时期。它以农耕和畜牧的出现为标志，表明人类已由依赖自然的采集渔猎经济跃进到改造自然的生产经济。磨制石器、制陶和纺织的出现，也是这一时代的基本特征。天中地区在新石器时代成为南北、东西文化交汇之地，迄今发现的裴李岗文化、仰韶文化、大汶口文化、屈家岭文化、龙山文化等遗址，是天中地区文化融合的最早例证。

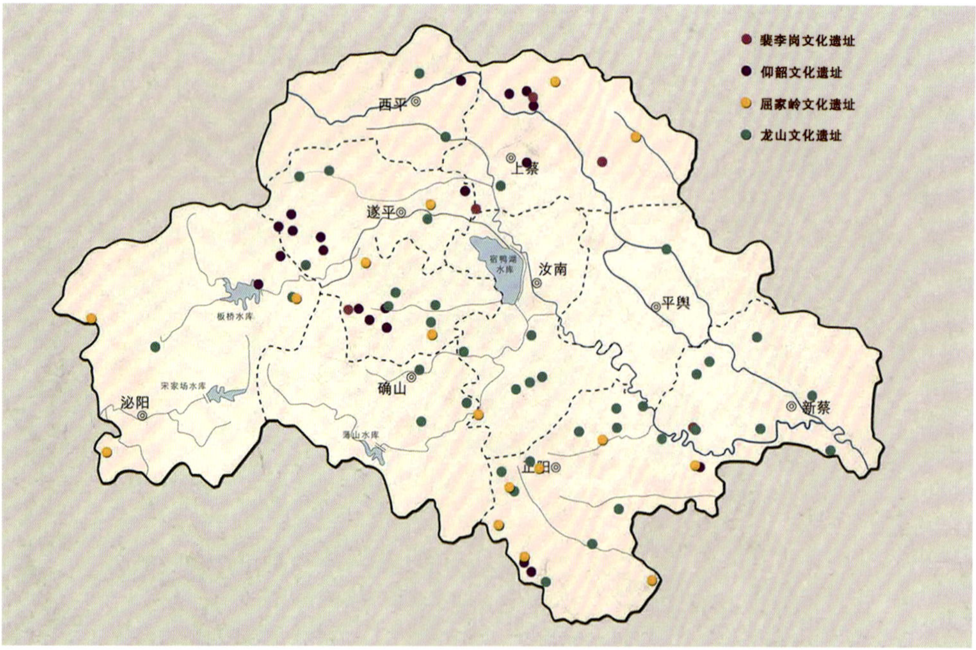

驻马店新石器时代遗址分布图

裴李岗文化

裴李岗文化，因首先发现于河南新郑裴李岗村而得名，距今7000—8000年。裴李岗文化是中国新石器时代中期的考古学文化，也是中华民族文明的起步文化。

天中地区发现的裴李岗文化遗址，出土有石镰、石刀等农业生产工具，以及石磨盘、石磨棒等粮食加工工具，表明当时人类已经进入耜耕农业阶段。天中地区是我国农耕文化的重要发源地之一。

石磨盘、石磨棒 新石器时代

裴李岗文化
石磨盘　厚6厘米　长28.3厘米　宽28.6厘米
石磨棒　高3.8厘米　长13.6厘米　宽6.2厘米
西平县谢老庄遗址采集
驻马店市博物馆藏
石磨盘用砂岩石磨制而成，正面平坦稍凹；石磨棒上部呈圆弧形，下部略平坦。

石磨盘和石磨棒是配套使用的脱壳工具，使用时把带壳粟放在石磨盘上，再手持石磨棒的两端压在粟壳上，来回搓动，使粟壳脱落，得到可供煮食的粟米。除了谷物，采集的坚果类食物也可以在磨盘上进行脱壳。

石磨盘、石磨棒在各地的新石器文化遗址中均有发现，表明这一古老的加工工具使用非常广泛。从天中地区文化遗址中发现的开荒用的石斧，翻地用的石铲，收割用的石镰，加工用的石磨盘、石磨棒来看，当时天中地区的农业生产工具已成系统，农业已脱离初始状态而进入耜耕农业阶段。

石磨盘、石磨棒的使用方法

绿松石纺轮

裴李岗文化
高 1.3 厘米　直径 2.5 厘米
西平县谢老庄遗址采集
驻马店市博物馆藏
材质为绿松石；通体绿色，表面光滑，算珠形，中有穿孔。

双耳陶壶

裴李岗文化
高 6.9 厘米　口径 2.6 厘米
腹径 5 厘米
西平县谢老庄遗址采集
驻马店市博物馆藏
泥质红陶，手工捏制而成。壶体呈球形，直口，圆唇，短颈，溜肩，肩部有对称的双耳，耳中部各有一圆形穿孔，鼓腹，圜底，素面。

上蔡伏羲庙、画卦亭

上蔡伏羲庙、画卦亭是祭祀人文始祖伏羲的地方。“画八卦”是伏羲氏的重要贡献之一。

伏羲氏因著草生蔡地，画卦于此，遂名其地为蔡。

——清乾隆三十二年《续河南通志·舆地志·汝宁府沿革表》

古者包栖氏之王天下也，仰则观象于天，俯则观法于地，观鸟兽之文，与地之宜，近取诸身，远取诸物，于是始作八卦，以通神明之德，以类万物之情。

——《周易·系辞下》

画卦亭（明末清初建筑）

仰韶文化

仰韶文化，黄河流域重要的新石器时代文化，因 1921 年在河南省三门峡市渑池县仰韶村被发现而得名，距今 5000—7000 年，主要分布在整个黄河中游地区。全国现已发现上千处仰韶文化遗址，其中以河南和陕西为最，是仰韶文化的中心。驻马店地区发现的仰韶文化遗址有 30 多处。

仰韶文化时期天中及周边地区文化分布示意图

西平县董桥（吕墟）遗址

董桥（吕墟）遗址位于西平县吕店乡董桥村东南部，面积约 48 万平方米，是一处以仰韶文化为主，兼有龙山文化、二里头文化、东周文化和汉文化的多种考古文化共存的综合性、多层次的古聚落遗址。据考证，“蚕丝鼻祖”嫘祖的故里——“西陵”的历史地望即在董桥（吕墟）遗址之上。

西陵氏之女，为黄帝元妃，始教民养蚕，治丝茧以供衣服，后世祀为先蚕。

——《通鉴外纪》

“西平嫘祖文化研讨会”董桥（吕墟）遗址考察现场

西平县董桥（吕墟）遗址外景

屈家岭文化

屈家岭文化，因最早发现于湖北京山屈家岭而得名，距今 4600 — 5300 年。屈家岭文化主要分布在湖北，北抵河南省南部，是长江中游地区重要的新石器时代文化。进入仰韶文化晚期，位于长江中游的屈家岭文化进入淮河流域，华夏与苗蛮先民在天中之地形成了第一次文化大融合。

三棱石镞

屈家岭文化
1984 年泌阳县官庄乡蒋庄遗址采集

柳叶形石镞

屈家岭文化
1984 年泌阳县官庄乡蒋庄遗址采集

红陶杯

屈家岭文化
1977 年遂平县唐岗遗址采集

龙山文化

龙山文化是继仰韶文化之后在黄河下游发展起来的一种新石器时代晚期文化，距今 4000—4900 年。因首次发现于山东省历城县龙山镇（今属济南市章丘区）而得名，分布于黄河中下游的山东、河南、山西、陕西等省。天中地区目前发现的龙山文化遗址有 100 多处，出土有大量的陶、石器等。

陶罐

龙山文化
上蔡县十里铺遗址出土

陶壶

龙山文化
上蔡县十里铺遗址出土

陶壶

龙山文化
上蔡县十里铺遗址出土

陶鬶

龙山文化
上蔡县十里铺遗址出土

灰陶拍

龙山文化
泥质灰陶，圆柱形柄，上部有“V”字形缺口，粗柄实心，拍面隆起，上有指甲纹。

玉铲

龙山文化
西平县出山镇吴堂村出土

单孔长方形石铲

龙山文化
汝南县王岗镇亮马台遗址采集

长方形石凿 新石器时代

汝南县南余店乡天堂寺遗址采集

两孔石镰 新石器时代

汝南县刘备台遗址采集

带柄石刀 新石器时代

确山县竹沟遗址采集

西平县上坡遗址

西平县上坡遗址，位于西平县东北 17 公里的上坡村，是一处龙山时代晚期至商代的古村落遗址。出土的大量陶、石、骨器等龙山文化遗物，是龙山文化在天中地区发展的实物见证。

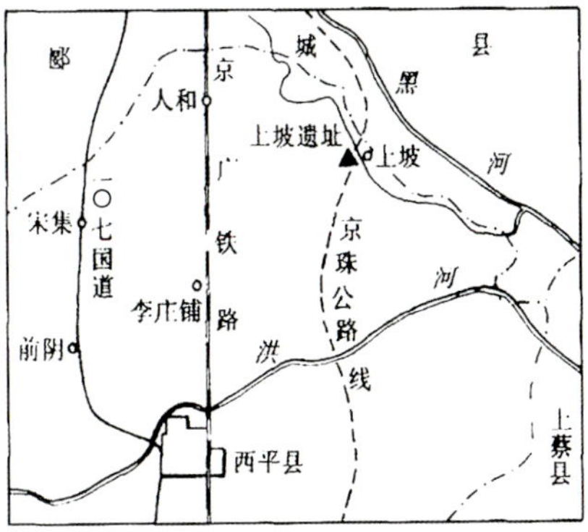

西平县上坡遗址位置示意图

西平县上坡遗址远景

骨锥

龙山文化

西平县上坡遗址出土

骨器磨制示意图

陶鼎

龙山文化
西平县上坡遗址出土

石凿

龙山文化
西平县上坡遗址出土

卜骨

龙山文化

残长 18.5 厘米　最宽 11.6 厘米

西平县上坡遗址出土

为羊肩胛骨，上有灼烧留下的圆形疤痕。

杨庄遗址

杨庄遗址位于驻马店市橡林乡杨庄村西，面积约 9.6 万平方米。遗址发现的龙山文化遗存，包含南方石家河文化和中原龙山文化两种因素，这表明中原文化与长江文化的交流，已成为天中地区文化发展的主旋律。

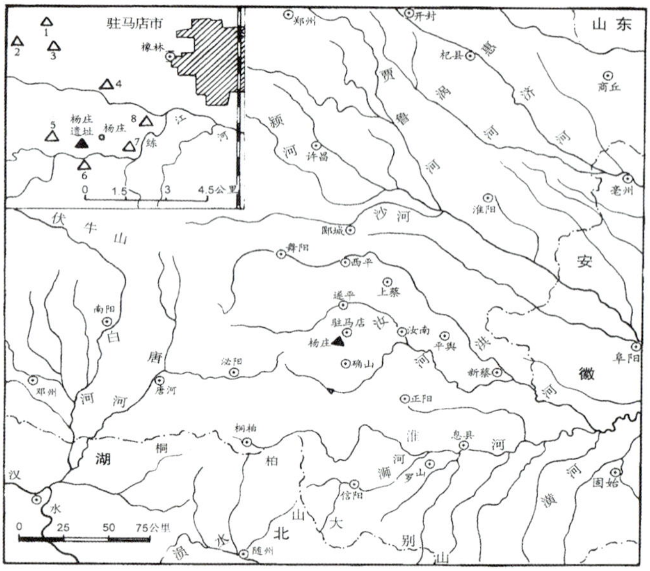

1. 张洼遗址　2. 单高楼遗址
3. 党楼遗址　4. 新庄遗址
5. 马庄遗址　6. 李楼遗址
7. 薛庄遗址　8. 郭楼遗址

驻马店市与杨庄遗址地理位置图

杨庄遗址发掘现场图

矮足鼎

龙山文化
杨庄遗址出土

陶碗

龙山文化
杨庄遗址出土

敛口钵

龙山文化
杨庄遗址出土

高足鼎

龙山文化
杨庄遗址出土

鼓腹罐

龙山文化
杨庄遗址出土

陶壶

龙山文化
杨庄遗址出土

陶甑

龙山文化
杨庄遗址出土

红陶杯

龙山文化
杨庄遗址出土

石凿

龙山文化
杨庄遗址出土

石斧

龙山文化
杨庄遗址出土

第二章 天中侯国

天中地区自古以来就是中原逐鹿的前沿阵地。夏禹时期，这里就有蔡（今上蔡）、吕（今新蔡）、挚（今平舆）、柏（今西平）等部落或方国；西周时为蔡、沈、江、道、房、柏等封国之土；春秋前期为楚、江、沈、蔡、道、房、柏等国所辖；战国时期大部属楚。天中地区的各个侯国以自由开放、雄浑博大的中原文化为根脉，吸取四方文化之精华，尤其是春秋晚期以后，深得楚文化之滋养，开启了各种地域文化交流融合的新时期，表明了天中处于夏夷两界之间的独特地位。

一、夷夏交融

天中古城址分布图

夏代，驻马店处于夏文化的南部边缘。伴随着夏王朝势力的扩张，天中本地文化和中原夏文化相互碰撞与交融，杨庄遗址第三期遗存就是夏族在这里活动的重要见证。其总体面貌与伊洛平原夏代中心区域的早期文化相似，又在陶系、纹饰、器类等诸方面独具特色，表明与突显了天中地区在文明肇始、国家诞生之初的重要地位和鲜明特征。

杨庄遗址第三期遗存

捏沿罐 夏代

高 15 厘米　口径 14.8 厘米　底径 8 厘米

杨庄遗址出土

驻马店市博物馆藏

泥质灰陶，敛口圆唇，口部有两个对捏的指窝，唇外贴鼓边，束颈，腹微鼓，平底微凹，饰中绳纹。

石刀　夏代

杨庄遗址出土

陶爵　夏代

杨庄遗址出土

大口尊　夏代

杨庄遗址出土

二、古国风采

夏商周时期，驻马店地区相继建立了一些国家。柏、房、沈、吕、江、挚、蔡、道等古国在当时邦国林立、大国争霸的时代，彼此间或友好往来，或兵戎相见，共同描绘了波澜壮阔的历史画卷。

商代亚禽

盘庚迁殷后，特别是商王武丁时期，“邦畿千里，维民所止，肇域彼四海”。商文化在广大的区域内，产生了深刻影响。淮河流域是中原商文化与南方文化交汇的重要地区，分布有多个商代部落和方国。正阳县诸多地点发现的商代遗迹、遗物，具有显著的殷商文化特征。

“亚禽”铭文爵　商代

"亚禽"铭文

正阳县闰楼商代墓地

正阳县闰楼商代墓地是一处重要的商代贵族及贫民墓群。2008—2009 年河南省文物研究所、驻马店市文物考古管理所联合对该墓地进行了抢救性发掘，共发掘商代古墓葬 160 余座，出土商代青铜器、玉器、骨器、石器、陶器等 452 件。墓葬以中小型墓葬为主，成组排列，多设有二层台及腰坑，殉狗之风盛行，随葬器物组合为鼎、觚、爵、戈等。该墓地墓葬形制多样，既有排列有序、相对集中的贵族墓葬群，又有结构小而精的武士墓葬，还有简陋的平民墓葬，对研究晚商墓葬形制和丧葬习俗有着重要价值。正阳县闰楼商代墓地被评为"2009 年度全国重大考古新发现"。

正阳县闰楼商代墓地发掘现场图

商周时代，青铜被称为“金”，是一种稀有贵重的金属。当时，除用青铜铸造供贵族使用的饮食器具和兵器外，还铸成象征权力、用于祭祀的礼仪用器，放置在宗庙和宫廷中。因此，青铜器无论造型还是纹饰图案都透露出神秘的气氛，表现了商王神秘而至高无上的统治权威。

铜鼎 商代

高 21.2 厘米　口径 15.9 厘米
腹径 14.7 厘米
正阳县闰楼商代墓地出土
驻马店市文物考古管理所藏
口微侈，唇口较厚，双立耳，腹微鼓，下承三柱状足，较粗。通体素面，腹部留有范铸痕迹。

铜爵　商代

长 17.8 厘米　宽 9.3 厘米　高 20.4 厘米
正阳县闰楼商代墓地出土
驻马店市文物考古管理所藏
流部宽厚上翘，两柱在流与杯口的交界处，上设伞形帽。杯体为圆卵形，圜底，上部饰三道凸棱，下承三棱椎形实心足，足尖外撇。杯体一侧有鋬，素面。

铜觚　商代

口径 14.4 厘米　底径 8.7 厘米　高 24.8 厘米
正阳县闰楼商代墓地出土
驻马店市文物考古管理所藏
喇叭口，高体细腰，高圈足，折底。颈部素面，腹及圈足饰四扉棱，以扉棱为鼻脊饰饕餮纹。

铜戈　商代

正阳县闰楼商代墓地出土

驻马店市文物考古管理所藏

铜锛 商代

正阳县闰楼商代墓地出土
驻马店市文物考古管理所藏

铜锛 商代

正阳县闰楼商代墓地出土
驻马店市文物考古管理所藏

玉，石之美者，光泽温润，中国人爱玉赏玉，以玉喻德，视玉为美好的寄托。在商代，玉器是等级身份的重要标志，有资格用玉、佩玉的只能是上层贵族。闰楼商代墓地出土的玉器，有的作祭祀之用，有的作生活饰物，均是贵族阶层身份与地位的象征。

玉柄形器 商代

长 8.2 厘米　宽 1.7 厘米　厚 0.5 厘米
正阳县闰楼商代墓地出土
驻马店市文物考古管理所藏
玉料青色，体扁长，表面光滑。一端有凸榫，另一端残。

玉璜 商代

正阳县闰楼商代墓地出土
驻马店市文物考古管理所藏

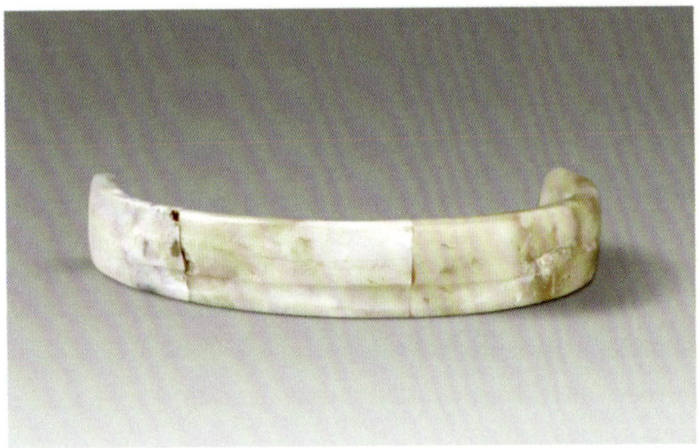

1

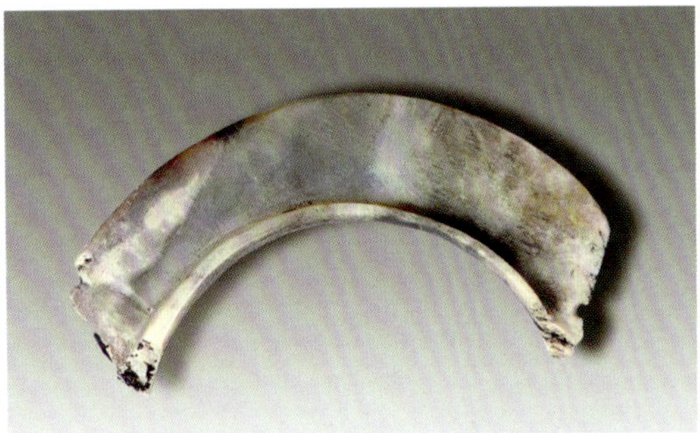

2

4

3

1. 玉镯
2. 玉饰
3. 管形玉饰
4. 管形玉饰

正阳县闰楼商代墓地出土
驻马店市文物考古管理所藏

“癸酉”铜鼎 商代

口径 17.5 厘米　高 21.8 厘米
1981 年正阳县付寨乡刘楼农民献交
驻马店市博物馆藏

口微侈，唇口较厚，双立耳，腹微鼓，下承三柱状足，较粗。腹饰四扉棱和饕餮纹。腹壁内侧有铭文“癸酉”二字。

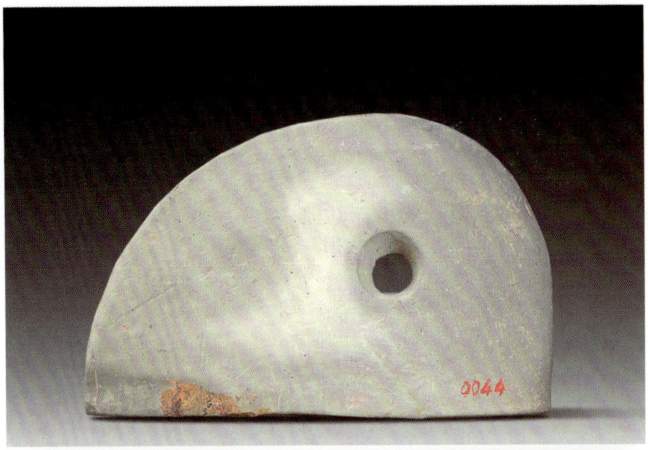

陶磬　商代

正阳县采集
驻马店市博物馆藏

饕餮纹铜觚　商代

1981 年正阳县付寨乡刘楼农民献交
驻马店市博物馆藏

喇叭口微内敛，高体细腰，高圈足，折底。颈部饰蕉叶纹和饕餮纹，颈下端饰蛇纹，蛇头部宽大，眼睛突出。腹及圈足饰四扉棱，以扉棱为鼻脊饰饕餮纹，所有纹饰均以窃曲纹为底纹。

柏国

柏国，嬴姓，古封国，位于今西平县。西平地处伏牛山东部，为柏皇氏原封地。至西周有柏国，又称柏子国。春秋时，为楚国所灭。

饕餮纹铜爵 西周

1984 年西平县专探乡取土发现
驻马店市博物馆藏
流部宽厚上翘，两柱在流与杯口的交界处，高耸粗壮，上设伞形帽，柱帽饰火纹。杯体为圆卵形，深腹圜底，下承三棱锥形足，足尖外撇。杯体一侧设鋬，鋬上饰一兽首。腹部两侧装饰饕餮纹，双目圆凸。

铜削 战国

长 22.3 厘米　宽 2.8 厘米　厚 0.8 厘米
1986 年西平县谭店乡采集
驻马店市博物馆藏
刀形狭长，柄端有方形环

房国与房国故城

房国，祁姓，始封君为帝尧之子丹朱，位于今遂平县。夏商时有存，周时相沿。文献记载，房国与周王室世代联姻，关系密切。公元前 529 年为楚所灭。后吴王阖闾弟夫概奔楚封于此，所以又称吴房。

房国故城位于遂平县城关，平面呈东西长方形，四垣周长约 3.7 公里，有东、西、南、北四门。北墙残长 550 米，高 3—7 米，西墙残段仅有 33 米，高 1—2 米，系夯筑。出土有陶鼎、豆、罐及铜镞等。

房国故城遗址

铜鼎 西周

高 26.8 厘米　口径 22.2 厘米　腹径 21.6 厘米
1984 年遂平县沈寨乡采集
驻马店市博物馆藏

侈口，折沿，尖圆唇，绳纹双立耳。垂腹，平底，三柱足内收。口沿下饰一周凸弦纹。腹部饰一周突起的窃曲纹，其下饰一周凸弦纹。

铜矛 战国

1978 年遂平县文化馆废品收购站拣选

铜剑 战国

1984 年遂平县文物普查阳丰乡梅庄村村民捐

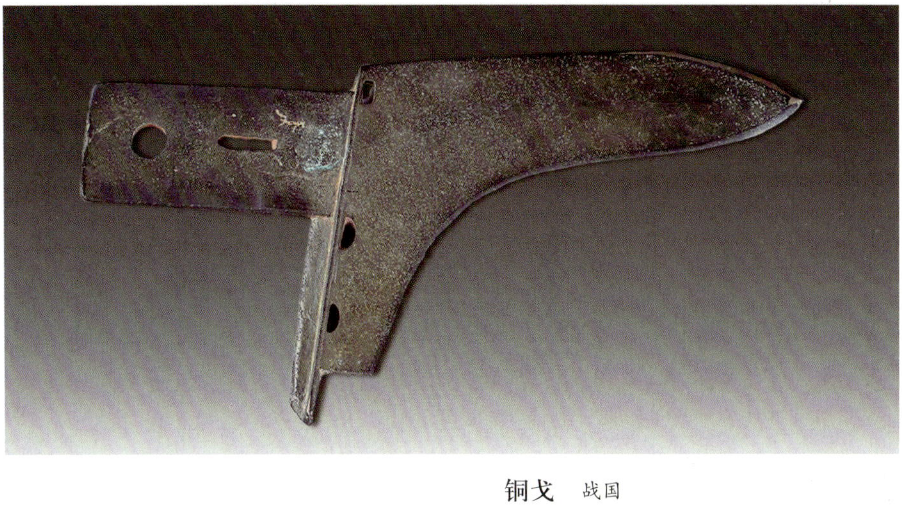

铜戈 战国

1977 年遂平县文物普查褚堂乡沟南刘村征集

吕国

吕国，姜姓，尧舜时期，炎帝裔孙伯夷因辅佐大禹治水有功，受封于吕地（今新蔡县），在此建立古吕国；春秋时期，蔡平侯将蔡国迁都吕地，后人为别于旧，称新蔡。

挚国

挚国，任姓，黄帝之孙少昊后裔奚仲建立的方国，历夏、商两个王朝，位于今平舆县。西周建立后，挚国再次受封，西周中期以后，挚国纳入沈国版图。

挚地遗址

灰陶鬲 商代

口径 13.8 厘米　高 15.5 厘米
1980 年平舆县西塔寺遗址出土
驻马店市博物馆藏
夹砂灰陶，侈口，斜沿，尖唇，微束径。三袋足，腹和足部饰粗绳纹。

挚是一个擅长造车的部落，这里一直流传着奚仲造车的故事。据说，奚仲在造船技术的启发下，创造了以人力牵引的车辆，得到大禹的褒奖。大禹即天子位后，遂封奚仲为夏车正，主管天下造车之事，并将奚仲分封到古挚地。奚仲与儿子吉光，率领族人，在原舟车的基础上，创制了马车。上古车辆称“舆”，又因挚地地势平坦，以“平”字冠之，故挚地有“平舆”之名。今天的平舆县，有“车舆文化之乡”的美誉。

甲骨文中的“车”字

商代末年，挚国首领把女儿太任嫁给周国的季历为妻。太任品德高尚，聪慧善良。怀孕之后，她目不视恶色，耳不闻淫声，口不出傲言，不做非礼之事，不做非分之想，终诞育周朝开国之君周文王。

挚仲氏任，自彼殷商，来嫁于周。

——《诗经·大雅·大明》

挚亭，今平舆县城西塔寺街西部，后人为纪念周文王之母太任而修建，又称“文王之母亭”

沈国与沈国故城

沈国，嬴姓，古封国，在今平舆县。沈国为少昊后代所建，舜禹之际立国。商朝灭亡之后，亲殷的嬴姓沈国同时被灭。西周初年，成王封季载于“冉”（古“冉”“沈”同音）。从此，姬姓沈国代替了嬴姓沈国。春秋时期的沈国位于蔡、陈、宋、郑诸大国肘腋之下，在缝隙中求生存，国小势微，备受欺凌，只好依附于楚国而生存。沈国亡于鲁定公四年（前 506）。

沈国故城，位于今平舆县城北 20 公里的射桥乡古城村，其平面略呈长方形，南北长 1500 米，东西宽 1350 米，总面积 2.1 平方公里。

沈国故城遗址

带盖铜壶　战国

1955年平舆县杨埠乡朱庄村出土

驻马店市博物馆藏

口微侈，曲颈溜肩，圆鼓腹，小圈足，有盖。肩部有两个对称系环，盖顶部有三圆环形捉手。通体素面。

铜敦 战国

高 23.3 厘米　腹径 17.8 厘米
1995 年平舆县杨埠乡朱庄村出土
驻马店市博物馆藏
圆球形，盖与器的造型相同，各有三足两环耳，足作勾环形。

江国与江国故城

江国，嬴姓，为颛顼帝玄孙伯夷之后所封，建立于夏启之际，位于今正阳县。商代，江与黄、弦、徐、钟离等国均属淮夷，淮夷在商代为强大部族，常对商作战，江曾直接与商发生冲突。西周时元仲受封于江。春秋时期江国与齐、晋、秦等大国关系密切，南方的楚国也对其采取拉拢的政策。后江国背楚亲齐，通过各种方式威胁楚国后方，阻止其北上中原，但最终弱不敌强，于公元前623年为楚国所灭。

江国故城，位于今正阳县大林乡涂店东北。遗址平面呈长方形，城墙东西长500米，南北宽350米，面积约17.5万平方米，时代为东周至汉代。出土有铜鼎、剑、蚁鼻钱等。

江国故城遗址

铜矛 战国

长 13.4 厘米　宽 2.2 厘米　厚 2.3 厘米

1984 年正阳县陈沟乡村民捐献

驻马店市博物馆藏

骹形宽大，两侧呈凹弧形面，形成狭长的刃。骹的正面有一小系，骹口较平。

铜镞 战国

长 6.6 厘米　宽 2.6 厘米　厚 0.8 厘米

驻马店市博物馆藏

带铤双翼，两翼呈镂空状。

道国与道国故城

道国，姬姓，周初封国，都城在今确山县北 10 公里的古城村北。春秋时期，道、黄等淮汝间的小国因惧怕楚国而联合起来，依附于强齐，彼此通婚，共同抗楚。但齐桓公死后，齐国内乱势弱，楚国乘机北扩，控制了淮汝间地区，道国一度成为楚国的附庸，最终为楚国所兼并。

道国故城，位于今确山县古城村东北，城址平面近正方形。城墙长、宽均为 300 米，现存城墙高 3 米，出土有陶豆、罐等残片和铜镞。

道国故城遗址

铜匜　春秋

高 21 厘米　长 34.8 厘米　宽 18.6 厘米
1997 年确山县留庄镇派出所移交
驻马店市博物馆藏

匜流呈张口兽首状，生动写实，兽首纹饰精细，两角向后倾斜而立，双目圆瞪，鼻梁凸起，曲颈。腹前窄后宽，腹壁较直，口略向内敛，深腹，圜底。口沿饰斜云雷纹，腹饰瓦纹。腹后壁有一龙形錾，龙首有角，上饰蟠螭纹，龙尾下垂上卷。腹下接四个扁方形兽足，足呈曲卧状。

铜爵　春秋

长 15.5 厘米　宽 8.8 厘米　高 18.2 厘米

驻马店市博物馆藏

流部宽厚上翘，两柱在流与杯口的交界处，上设伞形帽。杯体为圆卵形，圜底，下承三棱锥形实心足，足尖外撇。杯体一侧有鋬，素面。

三、蔡与蔡都三迁

蔡国是我国历史上著名的古国之一，从西周初立国至战国中期灭亡，历时约700年，是重要的十二诸侯之一。其全盛之时，疆域东至皖西一带，西抵伏牛山区，南迄大别山麓，北达颍沙之滨，地跨汝、淮二水，可谓泱泱大国。历史上的蔡国，初为周王室的南部屏障，后为荆楚的北向门户，历经坎坷，几度兴亡，在华夏文明史上写下了斑斓多彩的篇章。

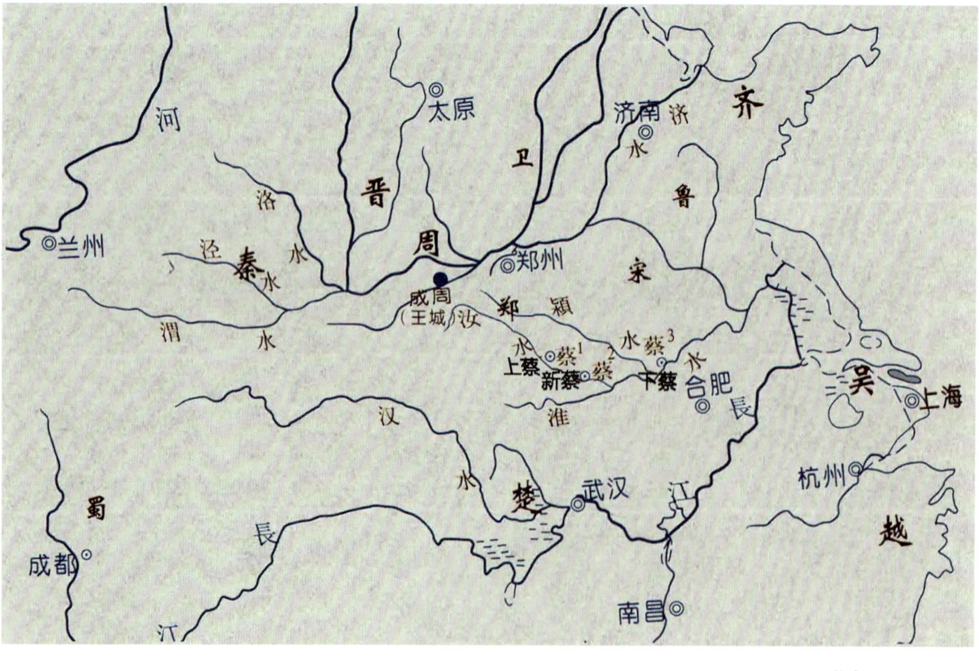

蔡都三迁路线图

上蔡：前11世纪—前531年。
新蔡：前530年，蔡平侯复国，旋迁都于吕，称新蔡。
下蔡：因受楚国胁迫，蔡昭侯从新蔡迁于州来（今安徽省寿县、凤台县一带），称下蔡。前447年蔡为楚所灭。

蔡国世系表

蔡叔度	姬度	前 1045—前 1042 年
蔡仲	姬胡	前 1042—前 988 年
蔡伯荒	姬伯荒	前 987—前 975 年
蔡宫侯	（名字失传）	前 974—前 894 年
蔡厉侯	（名字失传）	前 893—前 864 年
蔡武侯	（名字失传）	前 863—前 838 年
蔡夷侯	（名字失传）	前 837—前 810 年
蔡釐侯	姬所事	前 809—前 761 年
蔡共侯	姬兴	前 761—前 760 年
蔡戴侯	（名字失传）	前 759—前 750 年
蔡宣侯	姬措父	前 749—前 715 年
蔡桓侯	姬封人	前 714—前 695 年
蔡哀侯	姬献舞	前 694—前 675 年
蔡缪侯	姬肸	前 674—前 646 年
蔡庄侯	姬甲午	前 645—前 612 年
蔡文侯	姬申	前 611—前 592 年
蔡景侯	姬固	前 591—前 543 年
蔡灵侯	姬般	前 542—前 531 年
蔡平侯	姬庐	前 530—前 522 年
蔡悼侯	姬东国	前 521—前 519 年
蔡昭侯	姬申	前 518—前 491 年
蔡成侯	姬朔	前 490—前 472 年
蔡声侯	姬产	前 471—前 457 年
蔡元侯	（名字失传）	前 456—前 451 年
蔡侯齐	姬侯齐	前 450—前 447 年

上蔡

西周初年，武王封其弟叔度于蔡（今上蔡县），是为上蔡。封国后不久蔡叔即与管叔、武庚一同叛乱，被周公诛灭。周王后又续封蔡叔之子胡于蔡，史称蔡仲。西周时期蔡国“南悍荆楚，而北为中原之蔽”，具有重要的战略地位。公元前 681 年至前 543 年，蔡国与邻国之间屡起战端，元气大伤，转而与楚国结盟。春秋中期以后，蔡国成为楚国的附庸。蔡国从公元前 11 世纪在上蔡建国到公元前 531 年楚灵王诱杀蔡灵侯，蔡亡国，共历 18 代 500 余年。

上蔡故城

上蔡故城位于今上蔡县蔡都镇芦岗乡一带，始建于西周初年（约前 11 世纪），春秋战国时多次进行加固和修复。故城平面略呈长方形，现存城墙高 4—11 米，宽 15—25 米，总长约 10490 米。城墙为夯土筑成，每层厚 8—14 厘米。城外有护城河，河宽约百米。城门两侧皆有门卫房。宫殿区在城的中部，发现有古井、陶制排水管道，以及筒瓦、板瓦等建筑构件。手工业作坊区、贵族墓葬区，或在城内或在城外，规划得井井有条，堪称西周初年城市的典范。

上蔡故城作为西周至春秋时期的蔡国都城，时间长达 500 年。今存的上蔡故城遗址，是我国现今保存最完好的西周古城。1996 年被国务院公布为全国重点文物保护单位。

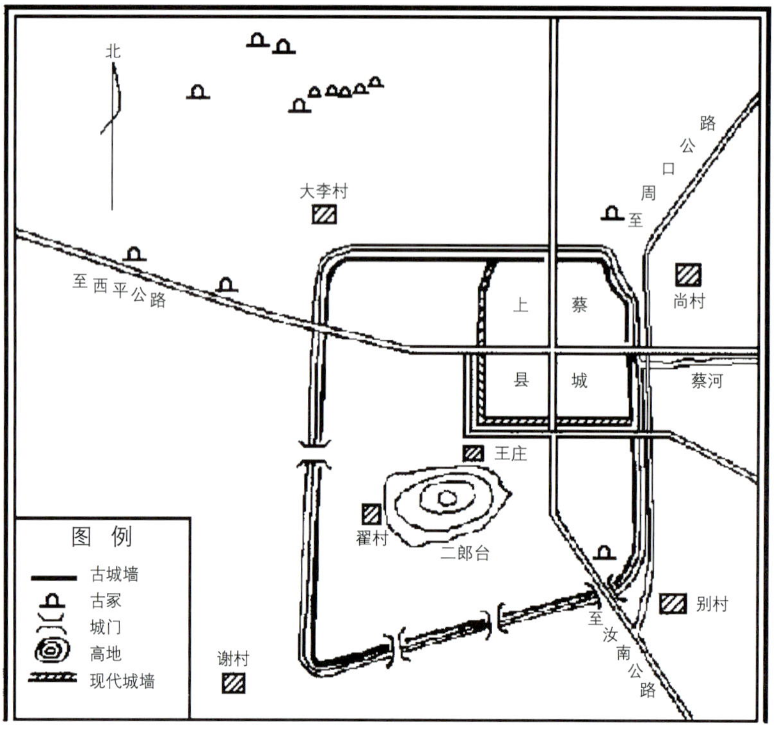

上蔡故城平面图

上蔡故城遗址的城墙外面保留有城壕的遗迹。从城墙和城壕的关系看，当时应该是边挖壕，边筑城。城墙用的是版筑方法，即四周用木板堵起，中间填土，再用夯把土打坚实；打好一层后，把木板上移，填土再夯打。如此，一层一层地夯筑形成城墙。

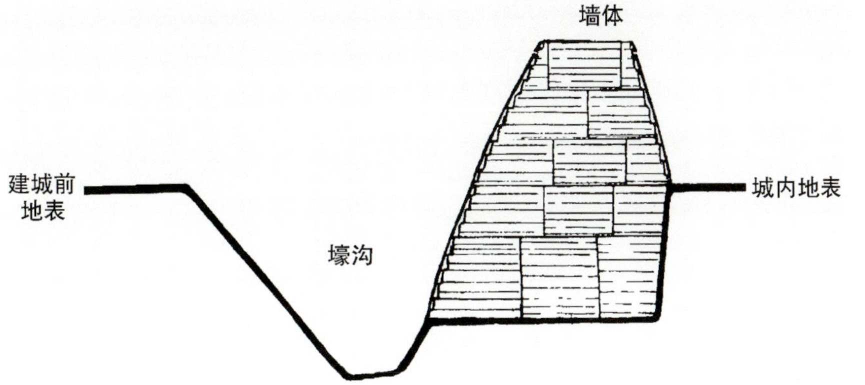

上蔡故城建筑示意图

上蔡故城遗址

上蔡故城人工烽火台

红陶网坠 商代

驻马店市博物馆藏

红陶鬲 西周

口径 23.5 厘米 腹径 20.5 厘米 高 19 厘米

驻马店市博物馆藏

夹砂红陶，侈口，折沿，方唇，三个矮袋状形足，中空，腹和足部饰绳纹，造型规整。

铜方鼎 商代

上蔡县芦岗乡翟庄出土
驻马店市博物馆藏

铜鼎 春秋

1984 年上蔡县齐海乡南关厂出土
驻马店市博物馆藏

铜簠　春秋

上蔡县芦岗乡王营村出土
驻马店市博物馆藏

蔡侯望河楼

蔡侯望河楼又名蔡侯玩河楼，位于蔡国故城西城墙上，土台拔地而起，高20多米，上圆下方，底部长约100米，相传为蔡侯观看风景、游玩散心之地。如今，蔡侯望河楼成为重阳登高胜地。

孔子厄蔡

蔡侯望河楼

孔子周游列国时，来到陈国、蔡国。公元前489年，楚昭王派人迎孔子到楚国任职，孔子的离开引起了陈、蔡大夫的担心，认为他若到楚国，一旦得到重用，就会威胁陈、蔡的安全。孔子与弟子在陈、蔡交界处（今上蔡县蔡沟东），遭陈、蔡大夫的围困，绝粮七日，讲学弦歌不止。楚昭王兴师迎孔子，孔子及其弟子得以解围。

孔门六贤

孔子周游列国时“居蔡三岁”，曾在上蔡县华陂镇的鸿隙湖畔、蔡河岸边演礼弦歌，在蔡地得高徒 6 人，分别是漆雕开、漆雕从、漆雕凭、漆雕侈、曹卹、秦冉，故有“孔门七十二贤上蔡居六”之说。其中漆雕开最为有名。漆雕开为上蔡县华陂镇人，拜师于孔子门下，潜心钻研学问，不愿做官，深得孔子赏识。公元前 489 年，孔子带领弟子周游列国，从叶地返回蔡国，来到了漆雕开的家乡鸿隙湖村，突遭连日大雨，漆雕开家里仅有的粮食很快就被吃光了。为了不让老师挨饿，漆雕开冒着大雨，独自一人到鸿隙湖里采藕，因路滑水深，不幸落水遇难。

新蔡

公元前 529 年（楚灵王十二年），楚国公子弃疾一党勾结蔡国旧臣蔡朝吴等发动政变，杀掉太子禄及公子罢敌，迫灵王自缢，弃疾即位为楚平王。楚平王为了报答蔡人派兵相助之功，也为了稳定政局，争取中原诸侯的承认，立蔡景侯的少子庐为蔡平侯。蔡虽复国，但楚国却依然占领着上蔡。蔡平侯被迫南迁，于今新蔡县城西北部建立都邑，是为新蔡。

新蔡故城

位于今新蔡县城关镇西北部。城址平面呈长方形，周长 8615 米，面积 58 万

新蔡故城遗址

子路问津处

平方米，城墙高 2—10 米，墙基宽 20—50 米。城内有宫殿、作坊、居址等，出土有排水管、陶器、骨器、石器及铜镞、剑等。

子路问津处

孔子率众弟子在楚国未受到重用，于是离郢都北上到叶邑，随之离叶赴蔡，在沙河之畔，偶遇耕田的隐士长沮、桀溺二人，孔子就让子路“问津”，即打听渡口。据考证，这个“问津”处在今新蔡城南二十余里的关津。

下蔡

公元前 494 年（蔡昭侯二十五年），蔡国国势日衰，迭遭侵犯。先是楚昭王带领楚、陈、随、许四国联合攻蔡，迫蔡迁都于楚境，继而吴国兵临城下，逼蔡东徙吴地。在吴师胁迫下，蔡国将官民和蔡侯的祖坟一起迁入吴国的州来一带，史称下蔡。蔡迁州来以后，国势更加不堪，在楚、吴、魏几个较大诸侯国的夹缝中艰难挣扎，至公元前 447 年，终为楚国所灭。

四、以国为姓，源在天中

天中是蔡姓、江姓、沈姓、周姓、房姓、柏姓等众多姓氏的发祥地，历史悠久，源远流长。

源于天中的姓氏

姓氏	发源地	备注
蔡	上蔡	系出蔡国。西周初年蔡叔度立国，后人以国为姓
江	正阳	系出江国，颛顼帝玄孙伯夷之后所封。郡望有济阳、淮阳等
房	遂平	系出房国，帝舜封尧子丹朱于房，遂为中原望族
柏	西平	系出柏国，楚灭柏后，柏国遗民一部分迁柏子山（今湖北省麻城市），一部分西上投奔秦国
吕	新蔡	系出吕国，夏商时立国，春秋时被宋吞并，其后裔以国为氏
挚	平舆	系出挚国，少昊（挚）后裔立国，并以为姓。商纣王灭挚后，挚国贵族东迁，定居薛城（今山东省滕州市南），复建薛国，并以为姓
葛	新蔡、平舆	系出葛国，葛天氏所立。葛国灭于周，其后裔姓葛天氏，后减字为葛氏
沈	平舆	系出沈国，少昊后裔所建。周初季载封于冉，冉即沈。沈灭国后，后裔以沈为姓
道、路	确山	分出于道国、路国。确山为尧时道国地。“道”“路”二字异音同义，后道姓渐消失，路姓成为望族
周	汝南	东周时期平王少子姬烈封地，以周为姓

汝南周氏遍天下

公元前 770 年，周平王迁洛邑（今河南省洛阳市），史称东周。平王少子姬烈被封于汝坟（今驻马店市平舆县老王岗乡的朱岗、刘庄村一带），世代繁衍生息，以周为姓，形成汉唐时期闻名天下的汝南周氏。后来，汝南周氏因战争、灾荒、宦祸等原因不断向四周流徙，其后的陈留、临川、浔阳、庐山、泰山、淮南、永安、河内、临汝、华阴、河涧文安、河东汾阴及道州等地的周氏郡望，都源于汝南。汝南被视为天下周姓的发源地，周仁是汝南周姓的始祖。

第三章 楚風北漸

楚立国于周初，植根于南国，融汇夷夏。至春秋楚庄王时，国力日盛，拓地千里，问鼎中原。春秋初年，楚人势力伸向驻马店地区，柏国和蔡、道、房等国均依附于楚。到春秋晚期，天中地区完全纳入楚国版图。楚国将其辉煌的历史足迹，留在了这片古老的土地上。

夏商周时期驻马店地区的古国，在春秋时期诸侯争霸中，先后为楚国所灭。至战国初期，唯一剩下的蔡国也迁都到今安徽的凤台。整个驻马店地区，绝大部分归入楚国的版图。

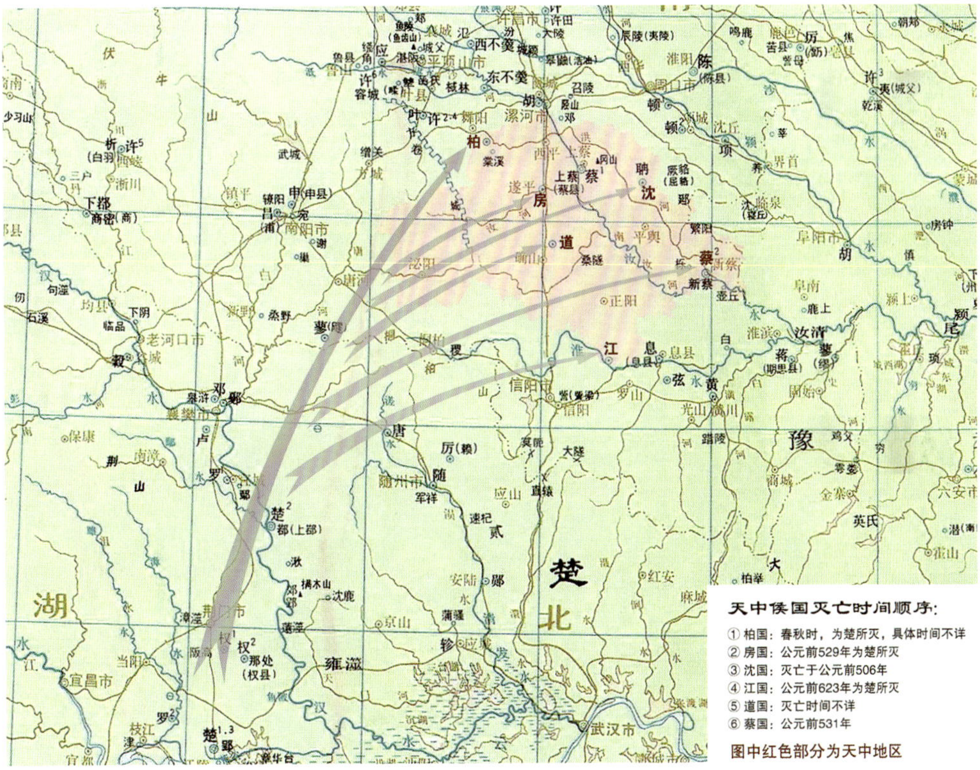

楚灭天中小国路线图

在列国战争不断的时代，锐利的兵器为疆域的开拓、文化的交融与发展开辟了道路。随着战事渐趋剧烈，各国兵器铸造工艺越见精工，形制不断改进，杀伤力亦增强。春秋战国时期，远射、长兵、短兵等三大类别已基本齐全。出土实物中，进攻性兵器有戈、矛、刀、弓矢、兵车等，防护装备有皮甲和铜盔等。

铜剑　战国

巴蜀式铜矛　战国

铜戈　战国

螺纹玉璧　战国

驻马店市博物馆藏

青玉，深绿色。扁平体，中心有一圆孔，形制较为规整。内外廓各饰弦纹一周，中间满饰螺纹，两面纹饰相同。

螺纹玉璧　战国

驻马店市博物馆藏

青白玉质，侵蚀严重，有深浅不一的土褐色沁斑。体扁平，有残，壁缘有三角形缺口。靠内缘和外缘有一周弦纹，在两周弦纹之间，满饰螺纹，两面纹饰相同。

铜斧 西周

长 7.7 厘米　宽 5.2 厘米

高 2.5 厘米

驻马店市博物馆藏

长方形，刃平直，器身有一方孔，銎部为凹弧形。

节钺 战国

长 4 厘米　宽 3.2 厘米

厚 1.7 厘米

驻马店市博物馆藏

整体呈“X”形，正面饰勾云纹，背面有一方形缺口，中空。

一、中国长城之父——楚长城

春秋时期，楚国为防齐国扩张，率先在伏牛山一带筑起长城。楚长城为中国最早的长城，被誉为“中国长城之父”。泌阳、确山均有楚长城遗址。

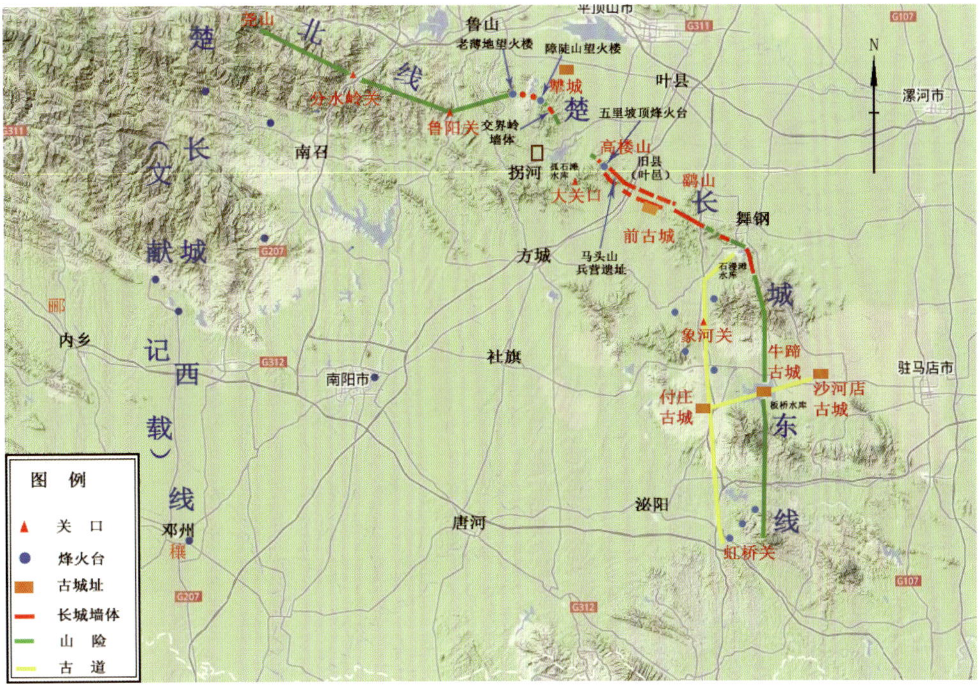

楚长城走势图

泌阳楚长城遗址

泌阳县是楚长城的东边终点，境内有以茶山寨、城顶寨、义和寨为代表的 130 座古寨城和与之相联结的 500 余里长城遗迹。泌阳境内的楚长城遗迹，多数沿山而存在，一个山头一个城寨，沿伏牛、桐柏自西北入境，过象河关逶迤而南，每个城寨自成体系。这些城寨的城墙多为干垒石结构，平均高 3—5 米，顶宽 1 米，城内通道高于墙外，可 3 人并行。有的墙体用整齐巨大的条石铺成。这段长城地理位置独特，功能齐全，在制高点上都设有烽火台，有的有垛口或敌楼，标志着楚长城防御体系的完善和成熟。

泌阳楚长城遗址

象河关楚长城位于泌阳县象河乡北部关山和五峰山中间宽五六公里的山坳里，是泌阳境内唯一的一段土筑楚长城，也是楚长城中最早的一段。城墙系人工夯土而成，夯土层厚约 15 厘米。城墙基座宽约 12 米，上宽 8 米，残垣高 1—3 米，长 5000 米，中间以高 4.2 米的烽火台相连接，是楚北疆的重要关隘之一。

象河关环境（东—西）

象河关关墙断面上呈现的堆积层

象河关西侧脚下烽火台

象河关遗址上采集的部分陶片

二、楚墓遗珍

上蔡县郭庄楚墓——拨开千古疑云

郭庄楚墓，位于上蔡县大路李乡郭庄村，东距上蔡故城西垣约 3 公里。2005 年发掘了 2 座大型楚国贵族墓葬，年代在春秋晚期至战国初年之际。两座大墓均为诸侯或王级的“甲”字形大墓，特别是采用了积沙积石和假棺的埋葬手段，有效防御了两千多年来多起盗墓者进入，使得墓中保存有大量精美的青铜器、玉器、陶器、骨器、金器等。其中 40 余件青铜器上发现有铭文，出现了“楚王孙”“陈公”“曾侯”“吴土”“许公”等许多重要的人名和地名。由此可知，墓主人当是楚国王室成员，与曾、陈、吴等国关系密切。

上蔡县郭庄楚墓残存封土(西北向东南)

上蔡县郭庄楚墓 M1 发掘现场及出土文物

上蔡县郭庄楚墓起取文物现场

上蔡县郭庄楚墓文物测量

上蔡县郭庄楚墓出土文物修复

铜鼎　春秋

通高 88 厘米　口径 80 厘米　带耳宽 103 厘米

上蔡县郭庄楚墓 M1 出土

河南省文物考古研究院藏

有盖，盖沿微内敛，平沿方外唇，顶微上鼓，圆环钮，钮座为半圆拱形双头兽状。器身子口微内敛，两附耳，唇下有凸起的一周微抹角方形，深弧腹。大圜底近平，三蹄足。盖上饰凸弦纹和带状粗体蟠虺纹。器上腹部近中间部位饰一周宽鼓的弧形带状凸弦纹，弦纹上下各饰一周蟠虺纹带。腹内有铭文：惟王八月丁丑競之宁自乍将□列□服供盟祀。

铜敦　春秋

通高 32 厘米　口径 24 厘米　最宽处 33 厘米

上蔡县郭庄楚墓 M1 出土

河南省文物考古研究院藏

身和盖为几乎相等的半球形。其中盖顶周围有三个圆雕虎形钮，近口沿有两个立式圆环状钮，口沿外侧与钮相对应之处各有一个凸起的半圆雕状兽面纹边卡。器身无边卡。表面满饰错红铜花纹，主纹间又有带状的变形云雷纹红铜装饰为界带纹，界带纹与主纹均由嵌在花纹状预铸件的红铜片组成。其中主纹有卷涡纹、龙纹、虎纹等。

铜提梁盉　春秋

通高 31 厘米　口径 11.3 厘米　最宽处 35 厘米

上蔡县郭庄楚墓 M1 出土

河南省文物考古研究院藏

提梁为一拱形龙造型，梁身为八边形截面。龙头为圆雕状，后仰双角突出梁身。盖平顶矮直壁，平沿微内敛。盉身斜沿微内敛，领口较矮，弧肩近平，鼓中腹较宽，大圜底，三蹄足。盖中心饰一周交款的浅浮蟠龙纹，外圈为一周阴线方形云雷纹。腹部饰三周细索状凸弦纹，将纹饰区分为四层花纹。上层、底层均为变形祥云与蟠虺纹，中间两层为简体小蟠虺。

镶嵌龙凤纹铜缶　春秋

上蔡县郭庄楚墓出土
河南省文物考古研究院藏

带链铜壶　春秋

上蔡县郭庄楚墓出土
河南省文物考古研究院藏

“礼”规范人的行为，“乐”感染人的内心。古人在举行大型礼仪活动时，皆要用乐器演奏乐曲以敬神或娱众。

磬为板震动乐器，起源于石器时代人们打磨石器的劳动过程中，多以天然石片制成。从新石器时代晚期到战国时期，延续使用三千年，经历了从单纯性节奏乐器向复杂性旋律乐器发展的过程。夏商时期，磬从石器时代表面的粗糙不平、形制天然的单片磬，开始演变为制作精美、工艺考究的石磬，到了商代晚期，编磬开始出现，即依石片大小次第排列音序。编磬的音高和其大小、厚薄有着密切的关系。

郭庄楚墓出土的石磬，不仅为东周迄今发现形制最大的石磬，且一反石磬以灰色石灰岩所制的惯例，以白色大理石制成，上涂饰有红色的朱砂。

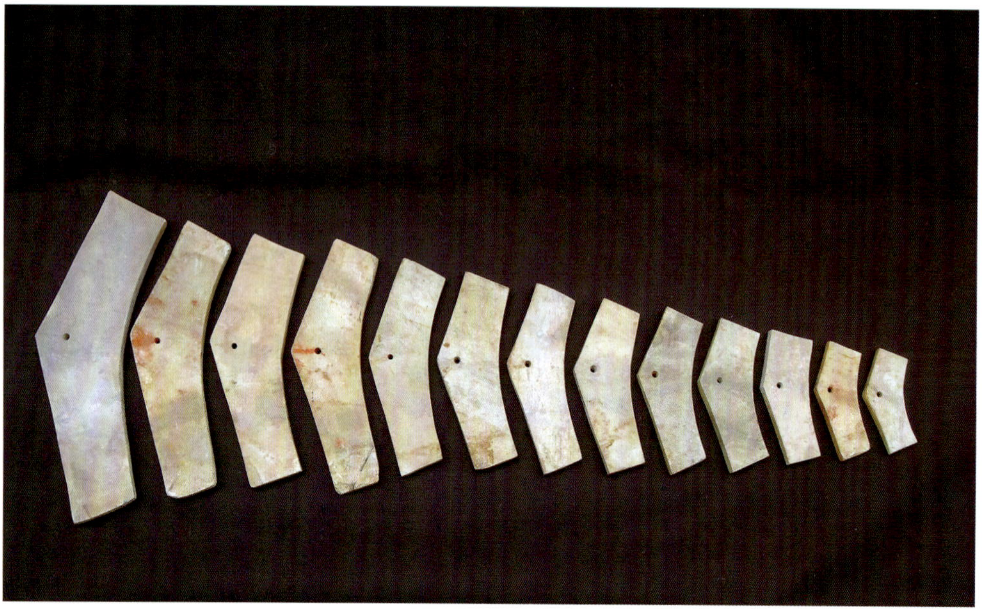

编磬 春秋

上蔡县郭庄楚墓出土
河南博物院藏

八音之中，以钟为首，尚乐之风，于楚为烈。春秋时，楚王有“九龙之钟”作为社稷之象征。楚国的王公贵族，也多以随葬乐钟来显示其地位与修养。

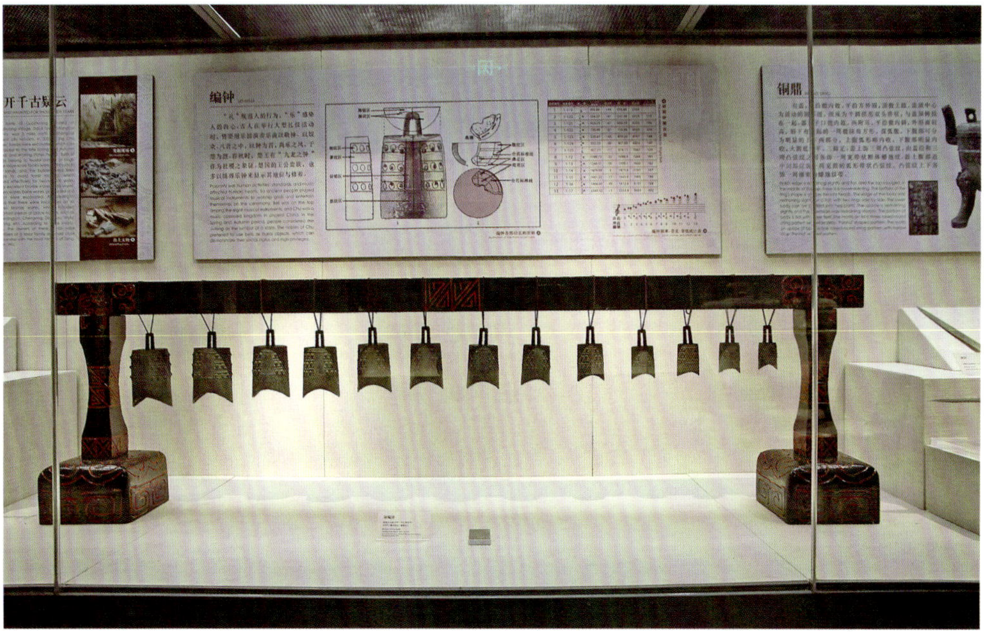

铜编钟　战国

1979 年上蔡县砖瓦厂楚墓出土
驻马店市博物馆藏

新蔡县葛陵楚墓

新蔡县葛陵楚墓位于驻马店市新蔡县城西北 25 公里处的李桥镇葛陵村周围，1994 年由河南省文物考古研究所发掘。墓葬呈“甲”字形，出土漆木器、青铜器、锡器、骨角器、玉石器、象牙器、皮革类、铁器、陶器、竹简等文物 7000 多件。出土的兵器上多见“平夜君成”铭文。墓主人平夜君成，身份仅次于楚王。

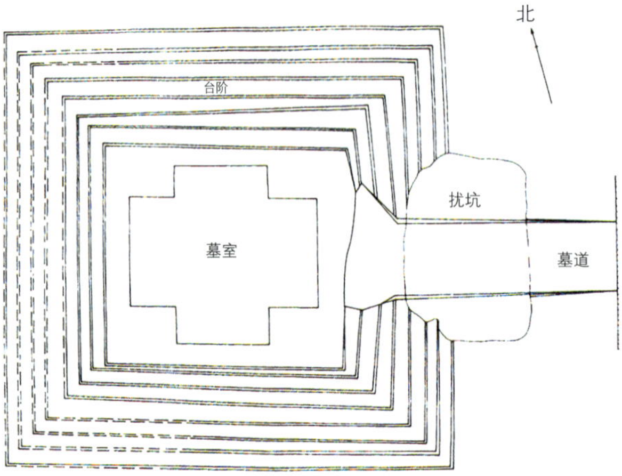

新蔡县葛陵楚墓平面示意图

新蔡县葛陵楚墓发掘现场

新蔡县葛陵楚墓外棺底板及边框

新蔡县葛陵楚墓内棺盖板

新蔡县葛陵楚墓外椁平面及结构

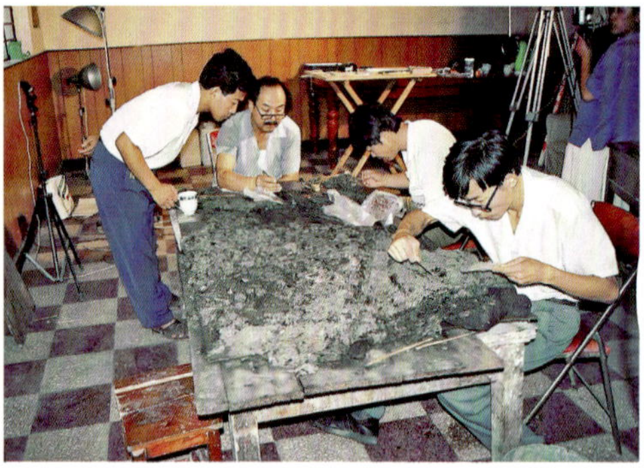

工作人员正在清理竹简

已经清理的部分竹简

竹简与马甲片、车栏、伞柄

已被清理出来的竹简

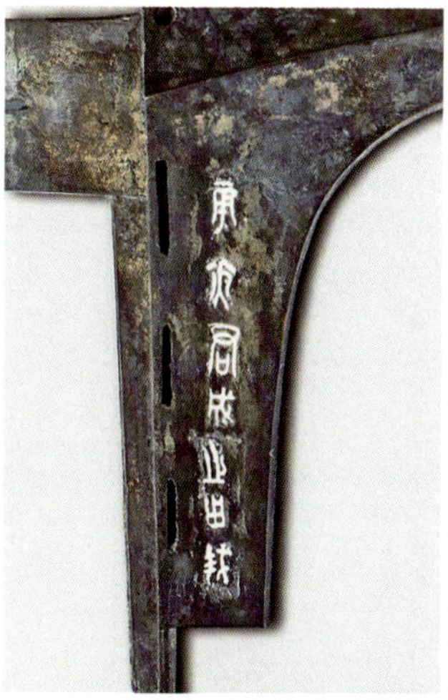

多戈戟　战国楚

新蔡县葛陵楚墓出土
驻马店市博物馆藏

矛体为三角锋宽叶形，两面刃，前锋锐利，中脊有凸棱，侧翼张开。居中的戈，援较长，微弧，前锋尖锐，援根部有一小圆穿，胡栏侧有三个长方形穿，直内，内的里侧有一长方形穿。胡面上有“平夜君成之用戟”的阴铸篆体铭文。下方的戈，弧援无内，援根有一小圆穿，胡栏侧有三个长方形穿，胡面上有“平夜君成之用”的阴铸篆体铭文。

铜戈 战国楚

通长 22.8 厘米 胡长 12 厘米
新蔡县葛陵楚墓出土
驻马店市博物馆藏

援、内均较粗短，援脊无棱，前锋较明显，胡下端为圆角，援根有一圆穿，胡栏侧有两长方形穿，内中部有一长方形穿。

铜戈 战国楚

通长 21.6 厘米 胡长 11.4 厘米
新蔡县葛陵楚墓出土
驻马店市博物馆藏

援身较瘦长，尖锋突出，援脊明显，胡下部为方形，直内，内下角有缺。在援根部有一圆穿，胡栏侧有三个长方形穿，内中部有一长方形穿。在援、胡部有鸟虫书体阴铸铭文“平夜君成之用戈”七字。

异形镞　战国楚

新蔡县葛陵楚墓出土
河南省文物考古研究院藏

异形镞　战国楚

新蔡县葛陵楚墓出土
驻马店市博物馆藏

铜镞　战国楚

新蔡县葛陵楚墓出土
驻马店市博物馆藏

铜簠 战国楚

新蔡县葛陵楚墓出土
河南省文物考古研究院藏

铜豆 战国楚

新蔡县葛陵楚墓出土
河南省文物考古研究院藏

车軎和车辖　战国楚

车軎通高 7 厘米　顶径 3.4 厘米　口径 6.7 厘米
新蔡县葛陵楚墓出土

车軎通体素面，从上到下逐渐加粗，下端向外折翻，缘宽厚，下半腰有一道凸圆箍形饰，其下身之两侧有对称方形圆孔。方形圆孔用于装辖。车辖为长方形，辖首饰兽头形浮雕，末端有一不太规则的圆角方形穿，供插销钉之用。

铜盖弓帽 战国楚

新蔡县葛陵楚墓出土
驻马店市博物馆藏

铜合页 战国楚

新蔡县葛陵楚墓出土
驻马店市博物馆藏

鸭首铜车饰 战国楚

新蔡县葛陵楚墓出土
驻马店市博物馆藏

象牙珠　战国楚

最大直径 1 厘米
新蔡县葛陵楚墓出土
驻马店市博物馆藏

共 73 颗。呈灰褐色。这种珠都是先加工成圆球形，中部钻一穿孔，在圆球面上装饰有个数不等的“蜻蜓眼”。制作时，先在料珠的球面上钻出小圆锥形窝或做出小圆形凹槽，在其周围，环绕中心窝槽，再加工出两周极细的凹槽，然后将极薄的铜片嵌入凹槽内，再将已加工好的类似现在的“图钉”形状的铜针嵌入中心的锥形窝或是圆形小凹槽的中心以固定铜片，这样共同组成一个“蜻蜓眼”。在一个成器象牙珠上，至少有三个“蜻蜓眼”，多者达数十个。

白石圭 战国楚

新蔡县葛陵楚墓出土
驻马店市博物馆藏

白石人 战国楚

新蔡县葛陵楚墓出土
驻马店市博物馆藏

紫水晶珠　战国楚

新蔡县葛陵楚墓出土

驻马店市博物馆藏

共36颗。为不规则的圆粒状，有鼓形、圆形、六角菱形，大小不一，均中有穿孔。紫晶质纯正、晶莹，磨制精细，圆润光亮。

水晶珠 战国楚

新蔡县葛陵楚墓出土
驻马店市博物馆藏
白色透明，共93颗。珠子形状、质地、大小相同，为算盘圆鼓形，中有穿孔。

黄玉珠 战国楚

新蔡县葛陵楚墓出土
驻马店市博物馆藏
黄褐色，共15颗。个别珠子受沁有白斑，均对钻孔。

玉璧　战国楚

新蔡县葛陵楚墓出土
驻马店市博物馆藏
侵蚀严重，为棕褐色，部分有白沁斑。扁平圆形，中间有一孔，外缘有残，靠内缘和外缘有一周弦纹，在两周弦纹之间为浅阴线刻勾云纹，两面纹饰相同。

玉璧　战国楚

新蔡县葛陵楚墓出土
驻马店市博物馆藏
青白玉质，一边受沁为棕褐色。扁平圆形，中间有一孔。边缘较规整，通体磨光，光素无纹。

玉璜　战国楚

新蔡县葛陵楚墓出土
河南省文物考古研究院藏

玉坠　战国楚

新蔡县葛陵楚墓出土
河南省文物考古研究院藏

玉扳指　战国楚

新蔡县葛陵楚墓出土
河南省文物考古研究院藏

彩绘角饰　战国楚

新蔡县葛陵楚墓出土

驻马店市博物馆藏

这类器物的制作材料很可能是鹿角。具体的加工方法是将相对比较粗壮的鹿角锯下，选定其中一段进行加工，经初步分析，其加工手法有锯、切、刻、削、琢、磨、钻、绘等，器物工艺精巧，造型别致，装饰花纹用黑漆描绘，饰有错顶三角纹、卷云纹、“S”形卷云纹和弧线勾连纹与蝶纹等，体现出绚丽多姿的装饰效果。

骨弓帽 战国楚

新蔡县葛陵楚墓出土
驻马店市博物馆藏

短柄形骨饰 战国楚

新蔡县葛陵楚墓出土
驻马店市博物馆藏

短柄形骨饰 战国楚

新蔡县葛陵楚墓出土
驻马店市博物馆藏

彩绘马甲片　战国楚

新蔡县葛陵楚墓出土
河南省文物考古研究院藏

彩绘盾把手　战国楚

新蔡县葛陵楚墓出土
河南省文物考古研究院藏

龙形锡饰 战国楚

高 18.2 厘米 宽 18 厘米
新蔡县葛陵楚墓出土
驻马店市博物馆藏

为厚约 0.1 厘米的锡薄片剔、雕刻而成。造型为双龙嬉戏，整个画面有大小二龙，其中大龙背面而立，伸颈仰首，首两侧各有二角，前角上伸，后角下勾，立颈下分出二身，一身粗短，向一侧弯曲后尾上勾卷，另一尾身向下，有喙状爪，尾部亦向内侧翻卷。在大龙尾部，有一侧身回首的小龙作嬉戏状。小龙勾首面向大龙，龙角上扬，龙身屈曲，两爪如喙，龙尾与大龙身相连。有趣的是，小龙的吻部与大龙上尾相连，画面上如小龙回首伸嘴咬大龙之尾巴。大小二龙神形兼备，将双龙嬉戏的情景刻画得淋漓尽致。

新蔡葛陵楚墓中出土1500余枚竹简，大部分墨迹清晰，由多人书写而成，字体或秀丽或奔放，字距或密集或稀疏，显示出不同的书写风格。内容多为祭祀、疾病、礼单等。竹简数量多，内容丰富，是战国楚简的重大发现，为研究楚国历史、葬俗、礼制、历法、手工工艺、书法艺术等提供了诸多信息。

竹简　战国楚

新蔡县葛陵楚墓出土

正阳县苏庄一号楚墓

正阳苏庄一号楚墓是正阳县城东北 30 公里处苏庄发现的 5 座土冢之一，1986 年发现并发掘。墓为土坑竖穴木椁墓，平面呈“甲”字形，斜坡形墓道。椁室、棺室、边箱、头箱均用方木构成，榫卯扣合严密。棺盖、左右棺板和底板各由一块巨大独木板制成。该墓曾两次被盗，出土有陶器、漆木器和玉器等。墓主人身份为士大夫级。

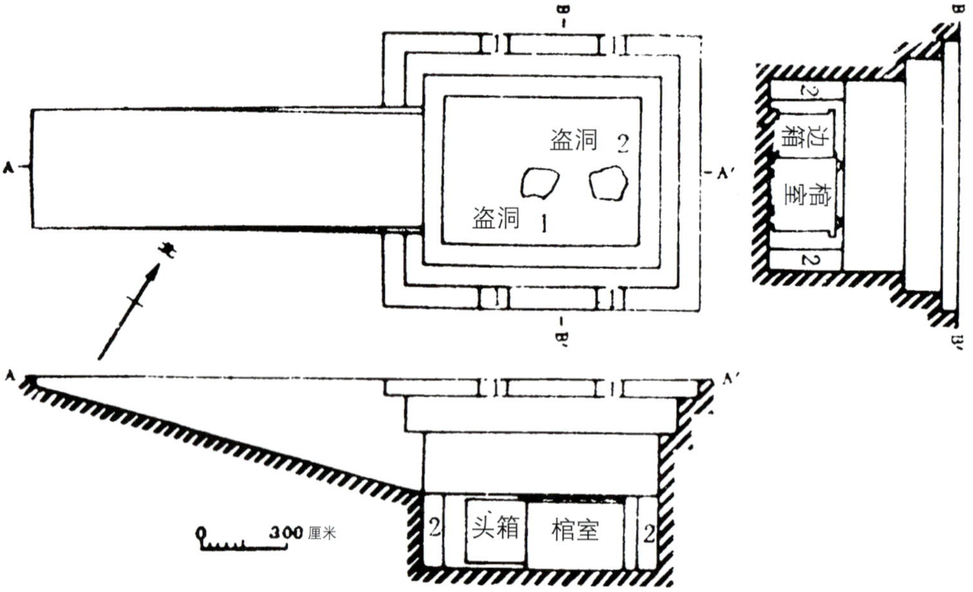

苏庄 M1 平、剖面图（1. 土墩 2. 熟土台）

灰陶提梁盉 战国

高 27 厘米 口径 10 厘米
1986 年正阳县苏庄一号楚墓出土
驻马店市博物馆藏
泥质灰陶。敛口，圆鼓腹，圜底，三蹄足微外撇。肩上有半环形提梁，一侧有兽首状流，流为实心。有盖，盖顶隆起。

灰陶筒形器 战国

高 28 厘米 口径 13.4 厘米 底径 12.8 厘米 腹径 13.2 厘米
1986 年正阳县苏庄一号楚墓出土
驻马店市博物馆藏
泥质灰陶。口微外敞，束径，筒形直壁，无底。颈部饰数周凸弦纹。

灰陶豆 战国

高 15.5 厘米　口径 13.2 厘米　底径 12.5 厘米
1986 年正阳县苏庄一号楚墓出土
驻马店市博物馆藏

泥质灰陶。子口微敛，盘腹较深，细高柄，豆盘外饰朱绘卷云纹。

灰陶弦纹壶 战国

高 44.4 厘米　口径 13 厘米　底径 15 厘米
1986 年正阳县苏庄一号楚墓出土
驻马店市博物馆藏

泥质灰陶。敞口，束径，溜肩，鼓腹，下腹缩成圜底，圈足。颈、腹饰凹弦纹。有盖，盖顶隆起。

第四章 熔铸辉煌

中国人用矿石冶铁的历史始于春秋中期。驻马店地区西部群山连绵，河流密布，林木茂盛，优越的地理环境促进了冶铁业的发展。这里的西平冶铁遗址，早在战国时即已闻名，并延续到了汉代；最近发现的泌阳县下河湾冶铁遗址，经历了战国、秦、西汉、东汉时期，是国内罕见的一处古代官营手工业作坊遗址。两千年前的驻马店，炉火连天，既熔铸了中国冶铁技术辉煌的历史，也推动了其他产业的发展。

一、河南古代冶铁的领先地位

河南地处中原，优越的古生态环境和人文文化，促使其古代冶铁业独领风骚，在我国冶铁史上占有重要的地位。

河南冶铁的历史，远可追溯到三千多年前，春秋末、战国早期，人们已经掌握液态冶炼生铁、液态铸造、退火热处理等批量生产铁器的先进冶铸技术，而且把铁器由兵器扩大到农业和手工业领域。战国中晚期，中原地区冶铁技术和规模出现了空前的发展。考古发现比较大的冶铁遗址有登封告城冶铁遗址、新郑仓城冶铁遗址和古西平冶铁遗址。从这些遗址可以看出，当时的熔铁炉是由熔钢炉多次改良和完善而成；所采用的风管，为直角顶吹式鼓风设备；泥范的制作，创造了高效率翻范的技术。另据《太康地记》中说："故天下之宝剑，韩为众，一曰棠溪、二曰墨阳、三曰合伯、四曰邓师、五曰宛冯、六曰龙泉、七曰太阿、八曰莫邪、九曰干将也。"经考证，除四、五、七剑不在古西平外，其余六剑均产自古西平冶铁遗址群，这说明文献记载韩国多兵器，并非夸张之辞。两汉时期，河南是全国最重要的冶铁基地，迄今共发现冶铁遗址近二十处。这一时期，铁范已在广大地区和许多铁器品种中广泛普及及应用，铁范模的制作工艺相当于现在的翻砂法，工效较高。同时，叠铸技术也得到应用。叠铸技术的出现，大大提高了生产效率，是冶铸技术史上的一次革命。

河南在中国古代冶铁史上的突出成就，直接为我国冶铁技术在世界的领先地位奠定了基础。汉通西域后，中国的铁曾通过"丝绸之路"运往中亚、西亚及地中海沿岸国家。印度梵文中的钢，有一词作 Cinaja，意即"秦地生"，"秦地"便指中国，反映出中国的钢铁对印度的影响。公元一世纪时，罗马博物馆学家普林尼在其名著《自然史》中说："虽然铁的种类很多，但没有一种能和中国来的相媲美。"证以史实，其说法并非虚誉。而这些惊人成就的背后，河南古代冶铁业，尤其是汉代的冶铁业起着举足轻重的作用。

林州
后岗遗址
安阳市
鹤壁市
淇
河
辛村遗址
辉县市
孟庄遗址
卫辉市
鲁堡遗址
李固遗址
新乡市
庙街遗址
焦作市
济源市
沁
沁阳市
徐堡遗址
河
黄
妯娌遗址
小潘沟遗址
古荥
新安
庙底沟遗址
三门峡市
义马市
洛阳市
三里桥遗址
马庄遗址
郑州市
巩义
王湾遗址
古城寨遗址
矬李遗址
新砦遗址
王城岗遗址
双
河
绿地遗址
河
煤山遗址
瓦店遗址
洧
汝州市
禹州市
许昌市
伊
汝
洛
平顶山市
河
鲁山
蒲城店遗址
沙
郝家台
漯河市
方城
洪
淅
西平
丹
川
湍
汝
江
舞钢市
驻马店市
白
南阳市
下王岗遗址
河
确山
唐
邓州市
汝
阳
河
头
泌阳
河
刁
河
河
皂角树遗址
河
桐柏
信阳市
● 已发现的汉代冶铁遗址
▲ 发现铁官标志的铁器

庄遗址
河
城遗址
商丘市
鹿台岗遗址
济
河
包
河
东
沙
响
河
营廓遗址
造律台遗址
王油坊遗址
栾台遗址
粮台遗址
冢遗址
白
露
河
灌
河
史
灌
河
史
河
河

河南冶铁遗址分布图

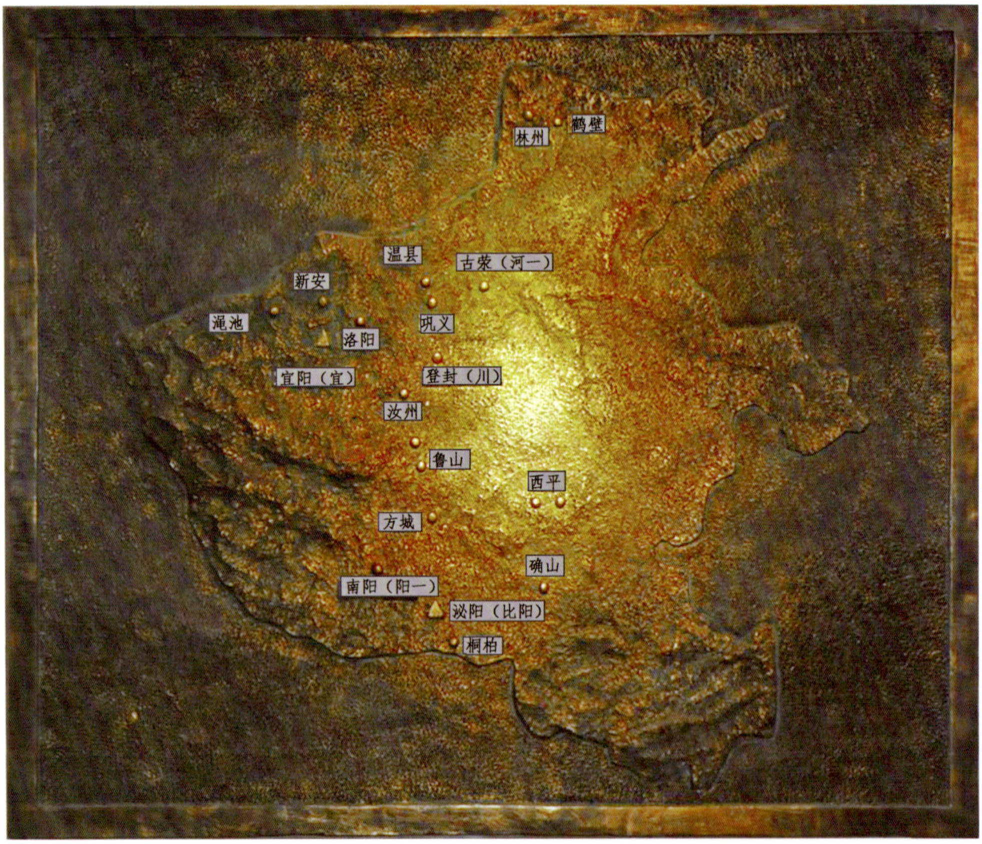

河南汉代“铁官”作坊遗址分布图

二、西平冶铁文化

今西平西南部棠溪河一带，在春秋战国时，由于地处西出三秦、东抵齐鲁、南及吴越、北接燕赵的中原腹地和秦、楚两个大国兵戈互见的咽喉要冲，战略地位十分突出，又有丰富的优质铁矿资源、独特的水质、便利的交通等得天独厚的自然条件，遂成为战国至晋代的重要冶铁中心和兵工基地，各地优秀工匠在此汇集。战争的需要，推动了兵器制造技术的发展。据研究，当时棠溪的铸剑业已经相当成熟，工匠们已采用“高温液体还原法”冶铁铸剑，并掌握了海绵铁制造高碳钢和锻铁淬火技术，出现了镀银、渗铜等工艺。两面吻合的“双刃剑”“龙凤剑”，

棠溪河冶铁遗址

技术要求很高，工艺也十分讲究。

史载：“天下之宝剑，韩为众”，“韩之剑戟皆出于棠溪”。棠溪河两岸分布着密集的战国冶铁遗址群落，已发现的战国酒店冶铁遗址为国家重点文物保护单位。

韩卒之剑戟皆出于冥山、棠溪、墨阳、合膊（合伯）、邓师、宛冯、龙渊（龙泉）、太阿（泰阿），皆陆断牛马，水截鹄雁，当敌即斩。

——〔汉〕司马迁《史记·苏秦列传》

炉火照天地，红星乱紫烟。
赧郎明月夜，歌曲动寒川。

——〔唐〕李白《秋浦歌》

酒店冶铁遗址

酒店冶铁遗址位于西平县酒店村南 500 米处。遗址呈长方形，东西长 558 米，南北宽 190 米，面积 11152 平方米，文化层厚 1.5 米，属战国冶铁遗址。遗址至今保存的战国冶炼炉，系我国迄今发现时代最早、保存最完整、最早用配制的黑色耐火炉壁材料建成的冶炼炉，为研究我国古代冶金史提供了重要的实物数据。

全国重点文物保护单位
酒店冶铁遗址
中华人民共和国国务院1996年11月20日公布
西平县人民政府 2005年8月

酒店冶铁遗址

炼铁炉

三、泌阳下河湾冶铁遗址

下河湾冶铁遗址位于泌阳县马谷田镇东南 10 公里下河湾村东，面积 23 万平方米，文化层厚 1.5—4 米。该遗址是一处全国迄今为止面积最大，内涵最丰富，保存最完好，延续时间最长，集采、冶、铸于一身的战国、秦、汉时期的官营冶铁遗址。它的发现具有十分重要的学术价值，对中国冶金史乃至世界冶金史研究具有重要意义，2006 年 5 月被国务院公布为第六批全国重点文物保护单位。

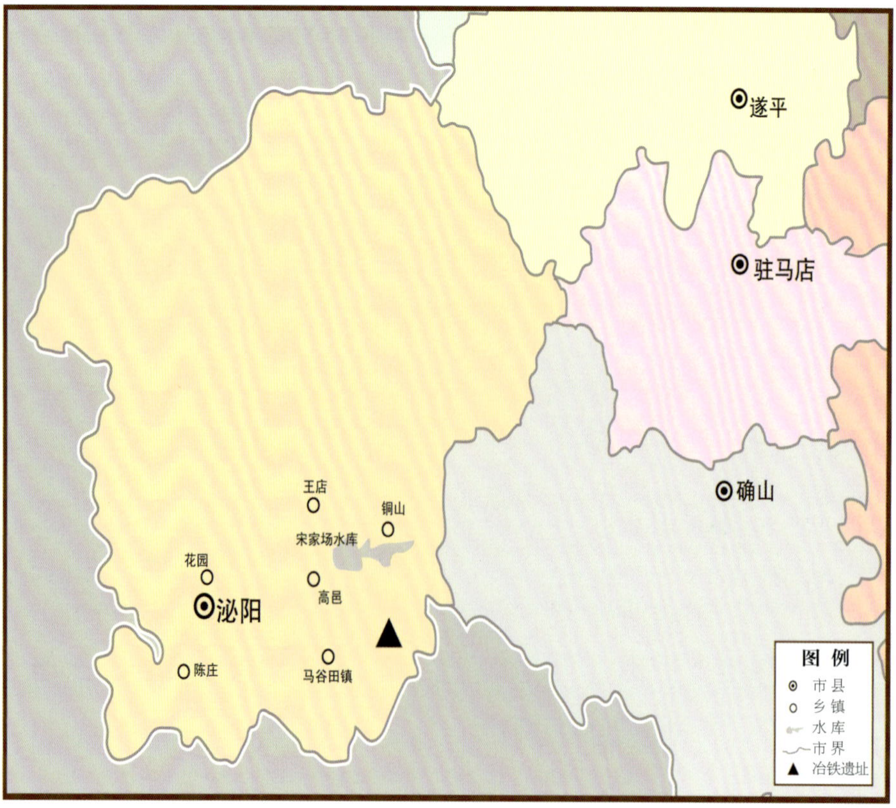

下河湾冶铁遗址位置图

泌阳下河湾冶铁遗址

遗址地表及周围发现大量的耐火砖、炉基支柱和炉壁残块。有用于熔炼铁矿石的大型炼炉和用于熔化铁材的熔化炉两种炼炉。

陶窑有与烘制陶范和烧制陶器有关的不同类型的陶窑。

遗址西南部的断崖上暴露有与居住址有关的房基内的墙基部分。这一带很有可能是该遗址的居住遗址。

窑址

遗址内有冶炼铸造类遗物和生活类遗物。冶炼铸造类遗物有烧土残块、耐火砖、铁矿粉、炼渣、镢模、钺形斧石范、陶剑范、陶镢范、陶锄范、陶坠、砺石等。其中耐火砖以梯形耐火砖最具有代表性。砖体整体呈梯形，上宽下窄，由黏土夹杂粗、细砂粒模制而成，正面中部微凹，从剖面看有 1—1.5 厘米，因高温烧成的硬面，硬面表面粘有一层耐火泥，大部脱落。砖表面呈深灰色，质地坚硬，耐火泥为灰白色，中间有空隙，除顶部外其他 3 个侧面均粘一层青灰色砂粒，经火烧而呈红色。砖体表面无纹饰，大部呈灰色，正面青灰，背面大致呈黄褐色或红褐色，火候较高。梯形耐火砖保存完整，原系用于熔铁炉体中间，内侧为炉衬，外附贴有耐火材料。

遗址内的鼓风管整体呈不规则圆筒状，两端均残，夹细砂手制而成，因火烧致使管体局部呈深褐色，胎质十分坚硬，器表和胎体大部呈红褐色，局部深褐色，器表饰竖向纹或素面，内壁或为素面，或为细密的布纹。

生活类遗物有薄胎长方砖、筒瓦、板瓦、瓦当、豆、盆、缸、瓮、罐、壶、器盖、博山式熏香炉等。

铁矿石标本

炼渣标本

炉壁标本

炉壁砖标本

方砖标本

子母砖标本

瓦当标本

筒瓦标本

第五章

汝南郡地

自秦设立郡县以来，驻马店各县曾先后属颍川、南阳、汝南、汝阴等郡管辖。西汉初置汝南郡，沿至南北朝，是举足轻重的中土大郡。古老悠长的汝河、洪河，流淌着绵绵不绝的历史传承；鸿隙陂、马仁陂，一代水利工程，成就天中鱼米之乡；“汝半朝”“汝南固多奇士”“月旦评”，谱写天中厚重人文；悬瓠城，演绎波澜壮阔的南北对峙与文化融合。

泌阳自公元前 273 年秦置南阳郡入秦，至公元前 207 年秦国灭亡，属秦 60 余年，为秦在统一战争中的前沿地域。泌阳是河南发现秦墓较多的地区之一。

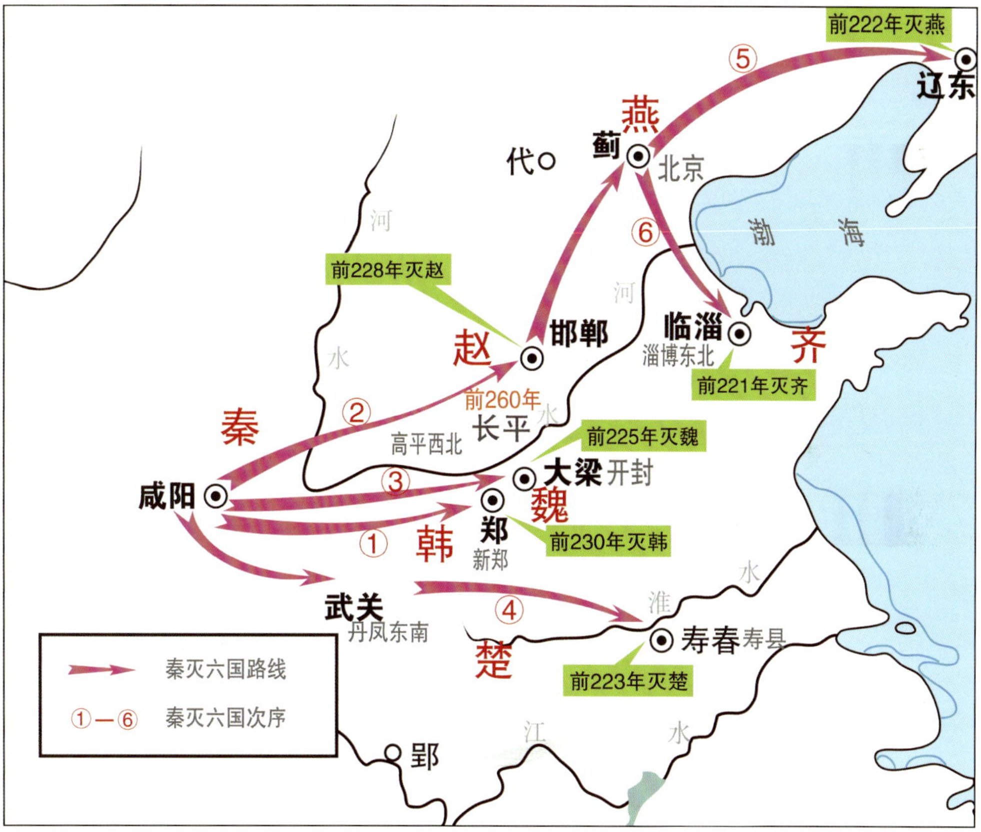

秦灭六国路线图

一、泌阳秦墓

泌阳一带发现的多座秦墓中，出土器物类别丰富。器铭中有“平安郡”“平安邦”之称，且纪年方式与秦相同，专家认为其墓主曾就封君（侯）食邑于平安邦，后葬南阳郡。

泌阳秦墓位置图

“平安君”铜鼎　秦代

“平安君”铜鼎铭文局部

“平安君”铜鼎铭文拓片

廿八年平安邦旬斤客朝

四分鼎一益七斤半斤四分斤之考

大曹庄秦墓

1988 年，河南省文物研究所、泌阳县文化馆联合在泌阳县花园乡大曹庄发掘了一座长方形土坑竖穴双棺合葬墓。其中南棺随葬铜鼎、铜蒜头壶、铜盘、铜镜、铜熏炉、铜带钩、陶圭形器、玉带钩、玉印章等 15 件，北棺随葬铜鼎、铜蒜头壶、铜勺、铜壶、陶罐、玉件等 7 件。这是继泌阳关庄秦墓之后又一新的发现。

大曹庄秦墓发掘现场

三角云纹铜壶 秦代

高 26.3 厘米　口径 9.2 厘米　腹径 15.7 厘米　底径 10.7 厘米
1978 年泌阳县关庄秦墓出土
驻马店市博物馆藏

酒器。敞口，束颈，圆形腹部，平底。外部纹饰以三角纹和祥云纹为主，肩部一对铺首衔环。

铺首衔环明壶　秦代

高 31 厘米　口径 10.6 厘米　腹径 20.8 厘米　底径 13.6 厘米
1978 年泌阳县关庄秦墓出土
驻马店市博物馆藏

敞口，束颈，鼓腹，圈足外撇。肩腹部铸饰三组凹弦纹，两侧一对铺首衔环，颇有威严之感。

蒜头壶 秦代

高 34.4 厘米　口径 3.4 厘米　腹径 22.4 厘米　底径 12 厘米

1978 年泌阳县关庄秦墓出土

驻马店市博物馆藏

秦文化的代表性器物，口部为六瓣蒜头形，颈部修长，腹部圆鼓，通体素面，整体造型流畅丰满，体现了秦人古朴、素雅的审美意识和精湛的制作工艺。

谷纹青玉璧 秦代

内径 5 厘米 外径 15 厘米 厚 0.5 厘米
1978 年泌阳县关庄秦墓出土
驻马店市博物馆藏
青色玉质，局部有褐色沁。扁平圆形，中间有一孔。一面光素无纹，一面边缘、孔缘各有一周阴线刻弦纹，两周弦纹间满饰带芽谷纹，排列有序。

带盖三环钮铜鼎 秦代

高 22.5 厘米 口径 21 厘米 腹径 22.7 厘米

1987 年泌阳县秦墓出土

驻马店市博物馆藏

球面形鼎盖，上有三只环状钮，以子母口与鼎身相吻合，两侧为对称、高耸的耳，深圆腹，三只兽蹄足。

“千古一相”李斯

李斯（？—前 208），字通古，秦代著名政治家、文学家和书法家，战国末年楚国上蔡（今上蔡县西南）人。他师从荀卿，学得帝王之术后，辅佐秦始皇统一了六国，设立了郡县制，统一了法律政令，统一了文字、度量衡。李斯不仅是我国历史上一位杰出的政治家、思想家、改革家，同时又是一位卓越的文学家和书法家。他的《谏逐客书》论证严密，令后人景仰；他的书法“小篆入神，大篆入妙”。李斯为秦朝的创建立下了卓越功勋，在中国历史上写下了辉煌的一页。

“秦丞相李斯之墓”位于今上蔡蔡国故城西南部李斯楼东南角。唐朝诗人胡曾、宋朝诗人刘敞等凭吊李斯墓，都曾留下诗章，对李斯的一生给予评说，颇耐人寻味。

上蔡东门狡兔肥，李斯何事忘南归？
功成不解谋身退，直待咸阳血染衣。
——〔唐〕胡曾《咏史诗·上蔡》

二事三公何足论，忆牵黄犬出东门。
天人忌满由来事，枉持沙丘有旧恩。
——〔宋〕刘敞

驻马店市博物馆内李斯像

李斯墓

二、两汉风华

汝南侯国

西汉建立后，中央王朝对有功之臣及刘姓子孙封侯建国。汝南郡郡国交错，西汉一代，在此封侯建国者有 13 家。

汝南侯国一览表

侯国名	封侯时间	始封侯	备注
汝坟侯国	汉高祖	周仁	周王室后裔，周邕之孙，被封汝坟侯，治汝南（今叶县东北），后迁安城（今平舆县），宣帝时失国
慎阳侯国	汉高祖	栾说	淮阴侯舍人，因密告韩信谋反有功被封慎阳侯（都城在今正阳县北），武帝元狩五年（前118），栾买之因盗铸白金币，被杀，国除
吴房侯国	汉高祖	杨武	因垓下之战斩项羽有功而被封吴房侯（都城在今遂平县）。其孙杨霸因无子而失国
汝阴文侯国	汉高祖	夏侯婴	楚汉战争中因保护吕后及公主有功而受封。汉武帝时失国
终弋侯国	汉武帝	刘广置	高祖刘邦之孙，被封终弋侯(都城在今汝南县)，汉武帝时因酎金而失国
南利侯国	汉昭帝	刘昌	汉昭帝之子，被封为南利侯(都城在今上蔡县)。地节二年（前 68）因触犯刑律失国
宜春敬侯国	汉昭帝	王訢	以丞相封汝南（都城在今确山县、正阳县交界处），其玄孙为西汉末年农民军所杀
安平敬侯国	汉昭帝	杨敞	以丞相封汝南安平敬侯，五凤四年（前 54）被汉宣帝取消封国
乐昌共侯国	汉宣帝	王武	以汉宣帝刘询之舅被封汝南乐昌共侯（都城在今确山县境内），王莽时灭国
阳城侯国	汉宣帝	刘德	以刘氏皇室受封阳城（今平舆县）为阳城侯，王莽时灭国
安城侯国	汉宣帝	刘崇	以刘氏皇室受封安城（今遂平县）为安城侯，王莽时灭国
安昌侯国	汉成帝	张禹	以丞相受封安昌（今确山县境内）为安昌侯，西汉末年为农民军所灭
安陵侯国	汉成帝	淳于长	因是皇太后姐姐的儿子受封安陵（今西平县境内）为安陵侯，五年后灭国

汉代大型水利设施——鸿隙陂地形图

两汉时期，汝南郡境内水系发达，河网密布。西汉武帝、东汉光武帝年间两次大兴水利，修筑鸿隙陂，是我国古代水利工程的一大壮举。鸿隙陂兼具灌溉、水产养殖和调蓄洪水等综合效益，“百姓得其便”，汝南郡成为当时最富的郡之一。

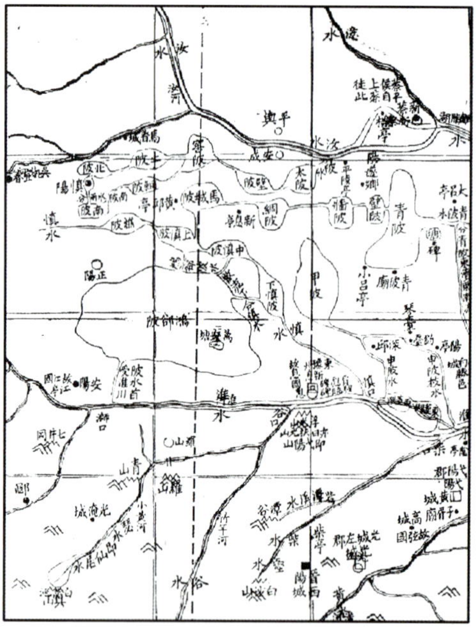

杨守敬《水经注图》

鸿隙陂地形图

汉代陶俑

与墓葬制度联系紧密的俑像，是汉代雕塑艺术中的重要门类。与秦代兵马俑相比，汉代俑像主要塑造的是社会各阶层的人物，以及家庭饲养的家禽和六畜，形象生动活泼，尤其是东汉时期的俑像生动地反映了当时的社会政治经济面貌。朴拙的风格、奔放的气势构成了它独特的艺术魅力。

乐舞杂技俑　东汉

高 9—11.5 厘米
驻马店市物价检查所出土
驻马店市博物馆藏
四位杂技俑形态各异，或倒立，或弹，或跳，或吹。该组文物是研究天中地区汉代陶器制作水平与丧葬习俗的实物依据。

黄釉陶俑 汉代

西平县文物管理所移交

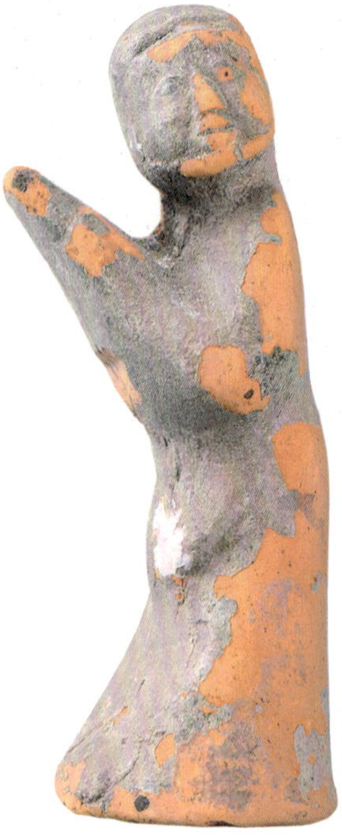

伎俑 东汉

上蔡县文物管理所移交

红陶杂技俑　汉代

西平县文物管理所移交

绿釉杂技俑　汉代

西平县文物管理所移交

红陶卧狗　汉代

长 15.2 厘米　宽 5.8 厘米　高 4.1 厘米

河南博物院拨交

驻马店市博物馆藏

随葬品，红陶体，呈卧姿。竖耳，瞪目，闭口，盘尾，头部左扭，怡然自得。

红陶狗 东汉

汝南县文物管理所移交

绿釉陶狗 东汉

驻马店市物价检查所出土

绿釉陶狗 东汉

汝南县文物管理所移交

绿釉陶狗 东汉

遂平县文物管理所移交

陶鸡　汉代

长 21.2 厘米　宽 10.9 厘米　高 19.3 厘米
1976 年遂平县车站乡汪河采集
驻马店市博物馆藏
整体呈站立昂首状，尾部散开翘起，翅膀和尾部羽纹清晰，丰满肥硕，两足为叉开方座状，有冠，泥质红陶。

绿釉红陶鸡 汉代

泌阳县花园乡大禹庄收集

绿釉陶鸡 汉代

西平县焦庄乡出土

红陶鸡 汉代

泌阳县花园乡大禹庄收集

红陶鸡 汉代

遂平县车站乡收集

汉代陶瓷器

制陶手工业在汉代得到很大发展，主要表现为泥料的选择和配制更加精细。无论是泥质陶还是夹砂陶，无论是饮食器具还是储藏器，以及其他生活用具或专为随葬而制作的明器，都成型规整、实用。器物上或刻或画，或施彩或上釉，装饰美观。

青釉双系瓿　东汉

高 29 厘米　口径 12 厘米　腹径 33.8 厘米　底径 17 厘米
1987 年驻马店市香山汉墓出土
驻马店市博物馆藏
盛放水、酒等液体的器物。敛口，丰肩，圆球腹，平底，肩部一对造型独特的耳及三道堆加凸弦纹。上部施青色釉，历经两千多年的漫长岁月，依旧光亮如新。

绿釉陶耳杯（一对） 汉代

长 10.3—13 厘米　宽 8.1—10.3 厘米　高 3.2—3.8 厘米
西平县文物管理所移交
驻马店市博物馆藏

喝酒用的小酒杯，汉晋盛行。平沿，开口平面呈椭圆形，器身呈小船形，两耳饰于长沿体侧，腹下斜收，平底，泥质红陶，内施绿釉。耳杯制作精细，小巧玲珑，表面光滑。

弦纹绿釉陶壶　东汉

高 36 厘米　口径 13 厘米　腹径 21.5 厘米　底径 12.3 厘米
1985 年西平县火车站出土
驻马店市博物馆藏

壶口呈盘状，方唇，口沿下侧弦纹一周，竖直长颈，溜肩圆形腹，最大腹径上下饰弦纹两周，上部饰铺首衔环假双系，倒喇叭形底座。

绿釉熏炉 汉代

高 15.5 厘米 口径 7.7 厘米 底径 14.1 厘米
汝南县文物管理所移交
驻马店市博物馆藏
泥质红陶，外施绿釉。由上下两部分组成，上部敛口圆唇，鼓腹，粗长柄。下部为一碟形底座，方口沿，平底。制作精细，胎质肥厚。

博山盖陶壶　东汉

高 40 厘米　口径 12 厘米　腹径 21.1 厘米　口径 11.7 厘米

上蔡县文物管理所移交

驻马店市博物馆藏

盖部造型独特，层峦叠嶂的山峰状，腹部多周弦纹做装饰，平底。

博山盖陶壶　东汉

高 42 厘米　口径 11.3 厘米　腹径 22.4 厘米　口径 13.2 厘米

上蔡县文物管理所移交

驻马店市博物馆藏

盖部为层峦叠嶂的山峰造型，肩部一对铺首衔环假耳，腹部多周弦纹做装饰，平底。

绿釉陶灶 汉代

长 23.5 厘米 宽 12.5 厘米 高 11.3 厘米

西平县文物管理所移交

驻马店市博物馆藏

体呈长方形，前后均有挡烟、挡火用的额墙，灶面开两火眼，火眼呈覆碗状凸起。尾部烟道设置于额墙中部。泥质红陶，通体饰绿釉，模制规整，胎质肥厚，朴素大方，系陪葬用品。

绿釉陶猪圈　东汉

长 23.5 厘米　宽 23.3 厘米　高 26 厘米
泌阳县官庄乡铁王村采集
驻马店市博物馆藏

猪圈为局部两层建筑式，右边上部为一房屋，屋顶为两面斜坡式，屋脊两角翘起，坡面刻画瓦垄纹，正面为门。下层为楼梯和门，楼梯上刻台阶数道，门开于猪圈与楼梯接合部。左边为露天矮墙猪圈，猪圈内一猪呈进食状。该藏品对研究天中地区汉代庄园经济、丧葬习俗具有重要作用。

厕所猪圈　东汉

长 17 厘米　宽 16.4 厘米　高 22.8 厘米
上蔡县大路李乡湾李村出土
驻马店市博物馆藏

泥质红陶，梯形圈体，有一角楼，两侧有两边梯，梯下设方形圈，角楼正面有长方形出口，圈体中央为出入口。

汉代铜器

汉代青铜器产生于青铜时代的晚期，在我国青铜史上占有特殊的地位。西汉初期（高祖至景帝）的青铜器，基本为素面。鼎、壶、钫、鍪和蒜头壶继续流行。日用器皿中，高灯、豆式熏炉、带钩多见。西汉中期至东汉早期（西汉武帝至东汉章帝）是汉代青铜器新风格最终形成的时期。这时期最多见的青铜用器有鼎、壶、钫、尊、熨斗、带钩等。

带链铜壶　东汉

高 30.5 厘米　口径 11.8 厘米　腹径 21 厘米　底径 16.6 厘米
上蔡县文物管理所移交
驻马店市博物馆藏
酒器。体呈圆形，盖沿有对称两钮，敞口长颈，腹圆鼓，肩部有对称两环，两环由一链相连接，腹部分饰三组凸弦纹，圈足外撇。保存完整，制作精致，厚重凝实，造型端庄。

铜壶　西汉

高 36.8 厘米　口径 13 厘米　腹径 26.4 厘米　底径 17.5 厘米
上蔡县文物管理所移交
驻马店市博物馆藏

体呈圆形，带盖，盖沿有对称两环形钮，直口长颈，鼓圆腹，圈足。腹上部有对称假铺首形耳，肩部、腹中部及腹下部各饰三组凸弦纹。

双耳铜壶　西汉

高 35.5 厘米　口径 14 厘米　腹径 27 厘米　底径 16.5 厘米
西平县文物管理所移交
驻马店市博物馆藏

口微侈，高颈，圆肩鼓腹，圈足，肩部两侧各饰一铺首衔环，肩部、腹中部及腹下部各饰三组凸弦纹。该壶的器型与制作工艺水平，均是典型的汉代遗物，为研究天中地区汉代历史提供了实物证据。

铜甑　汉代

高 11 厘米　口径 17.7 厘米　底径 8.3 厘米
新蔡县文物管理所移交
驻马店市博物馆藏
炊器，置于鼎、釜之上蒸煮加热谷物之用。

铜鼎　汉代

高 20.8 厘米　口径 21.3 厘米　腹径 25.7 厘米
1980 年上蔡县芦岗乡窑厂出土
驻马店市博物馆藏

体呈圆形，盖中央有环形握手，周围有等距离的四个环形钮，器身直口，兽方形附耳。圆腹圜底，三蹄足。盖饰窃曲纹及蟠虺纹，腹部饰蟠虺纹和蝉纹，腹部有两周凸弦纹，两周凸弦纹之间有对称两环钮。

铜洗 汉代

高 17.3 厘米　口径 36 厘米　腹径 29 厘米　底径 21.2 厘米

遂平县文物管理所移交

驻马店市博物馆藏

盛水器。铜质，体呈圆形，敞口，宽口沿外折，鼓腹，腹部饰四周凸弦纹，两侧对称铺首，平底。器型完整，结构匀称。

铺首衔环铜壶　西汉

高 35.5 厘米　口径 14 厘米　腹径 27 厘米　底径 16.5 厘米
西平县谭店乡范楼村出土
驻马店市博物馆藏
口微侈，束颈，溜肩鼓腹，圈足，肩部两侧各饰一铺首衔环，最大腹径处饰三道突起的带状纹。从该壶的器型与制作工艺水平看，是典型的汉代遗物，为研究天中地区汉代历史提供了实物证据。

铜盖鼎 汉代

高 17.2 厘米　口径 14.5 厘米　腹径 18.5 厘米

西平县师灵镇吴村村民上交

驻马店市博物馆藏

鼎盖弧隆，上置三环形钮，钮上各饰一乳突，盖与鼎身以子母口相接，扁球腹，圜底，三蹄状足，腹上部饰一对称方孔状耳。

双环耳铜鼎 汉代

高 37.2 厘米　口径 30 厘米　腹径 38 厘米

1985 年西平县谭店乡范楼村砖厂出土

驻马店市博物馆藏

鼎口为子口，圆腹，圜底，三蹄状足，腹上部附对称环状耳，腹中部装饰有一周凸弦纹。

铜釜　汉代

高 10 厘米　口径 7.7 厘米　腹径 17 厘米　底径 7.7 厘米
新蔡县文物管理所移交
驻马店市博物馆藏
铜质，平唇直口，肩部对称小型环状钮，鼓腹，腹中部隔挡，下腹内收至底部。

铜熏炉 汉代

高 23 厘米 炉腹径 11.1 厘米 盘口径 24 厘米 盘底径 13.7 厘米
1988 年确山县留庄镇张里山出土
驻马店市博物馆藏

古代焚香用的熏炉，用以熏香、去异味。炉体呈半球状，盖部镂空成山峦状，象征着海上的仙山“博山”，因而又称为“博山炉”。使用时把香料放在炉内点燃，香烟通过盖上的镂孔冒出，犹如云雾缭绕。

龟鹤铜灯　汉代

长 14.3 厘米　宽 11.2 厘米　高 31.8 厘米
1997 年确山县胡庙乡出土
驻马店市博物馆藏

照明用具。整体造型为口衔灵芝的仙鹤立于仰望的万世龟背上，仙鹤亭亭玉立，鹤身纹饰清晰，羽毛栩栩如生；神龟抬首仰望，形象逼真，气势高昂。灵芝是返老还童之仙药，仙鹤寓意长青，龟代表长寿，充分表达了汉代民众追求长生不死、羽化成仙的精神信仰和追求。

“严氏作”铜洗 汉代

高 18.8 厘米　口径 38.5 厘米　底径 23.2 厘米
1983 年泌阳县沙河店乡北张庄村村民捐献
驻马店市博物馆藏

水器。敞口，宽口沿外折，鼓圆腹，腹中部装饰有多周凸弦纹，两侧对称铺首形耳，平底。内底纹饰独特及铸刻“严氏作”三字铭文，“严”是铸造此器物的店铺或工匠的姓氏，铭文主要是起到一种宣传自家产品的效果。

“严氏”铜洗　汉代

高 16.2 厘米　口径 33.4 厘米　底径 21 厘米

遂平县文物管理所移交

驻马店市博物馆藏

敞口，宽口沿外折，鼓圆腹，腹中部装饰有多周凸弦纹，两侧对称铺首形耳，平底。

双鱼纹铜洗 汉代

高 16 厘米　口径 33.7 厘米　底径 20 厘米
驻马店市文物管理所移交
驻马店市博物馆藏

水器。圆形，宽口沿向外斜折，束颈，鼓腹，腹中部有数道凸弦纹，两侧一对铺首形耳，平底，内底部用凸起的阳文装饰有双鱼图案，寓意“年年有余，生活富足”。

建始铜洗　汉代

高 21.8 厘米　口径 45.3 厘米　底径 26.2 厘米
1983 年泌阳县沙河店乡北张庄村村民捐献
驻马店市博物馆藏

水器。敞口，宽口沿外折，束颈，深圆腹，腹底部向内猛收。腹上部有并列粗细弦纹各两周，腹两侧有对称铺首耳各一枚。内底部有八字铭文，"建始"是西汉汉成帝刘骜的年号，意思是朝代刚刚建立。

四系铜罐 汉代

高 23 厘米 口径 26.4 厘米 底径 18 厘米
1977 年平舆县平玉乡白庙村捐献
驻马店市博物馆藏

青铜质地，敞口，圆唇，鼓圆腹，腹上部有多周平行规则细凹弦纹装饰，四粗环耳侧重两侧对称分布，腹下部内收，平底。

弩机作为中国古代工程技术的发明之一，在公元前就成为一种重要的远程射杀性武器。弩由弓和弩臂、弩机三个部分构成：弓横装于弩臂前端，弩机安装于弩臂后部。弩臂用以承弓、撑弦，并供使用者托持；弩机用以扣弦、发射。使用时，将弦张开以弩机扣住，把箭置于弩臂上的矢道内，瞄准目标，而后扳动弩机，弓弦回弹，箭即射出。

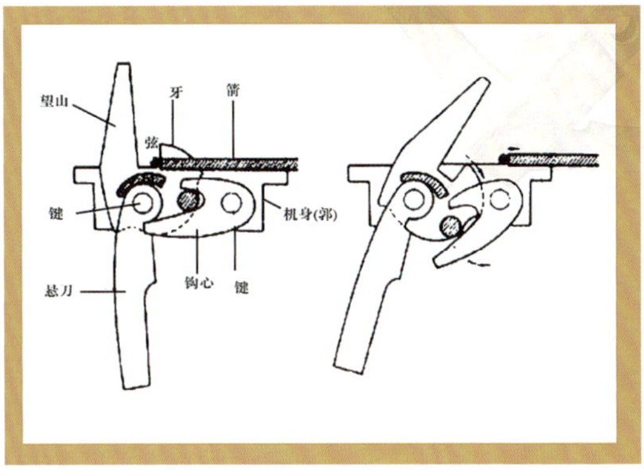

弩机结构示意图

铜弩机　汉代

长 15.3 厘米　宽 11.8 厘米　高 3.4 厘米
正阳县文物管理所移交
驻马店市博物馆藏
古时利用机械力量射箭的弓。

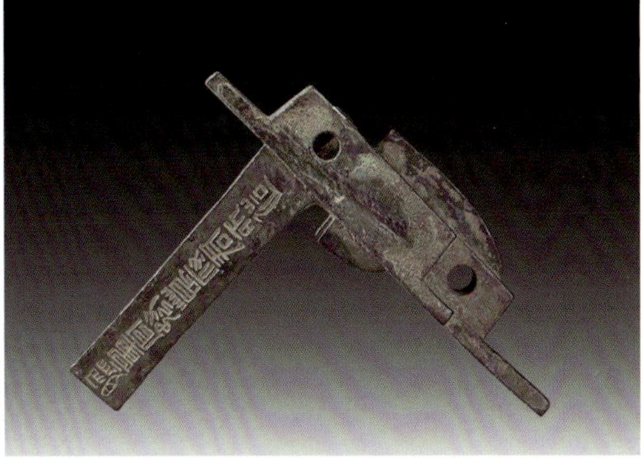

铜弩机　汉代

长 18.5 厘米　宽 14.6 厘米　高 4.7 厘米
新蔡县文物管理所移交
驻马店市博物馆藏
各部位构件有钩弦的牙，牙外的郭，郭上有瞄准器望山，郭下扳机用的悬刀，呈长方形。发射时，瞄准望山的刻度，扣扳悬刀，牙即缩下，其所钩的弦骤然松开，有力地将矢发射出去。

李冢墓群

正阳县慎水乡皮庄村李冢北及姚庄一带，系东汉中期的家族墓地，共发现 7 座砖室墓，出土有大量铜器、铁器、陶瓷器及钱币等。

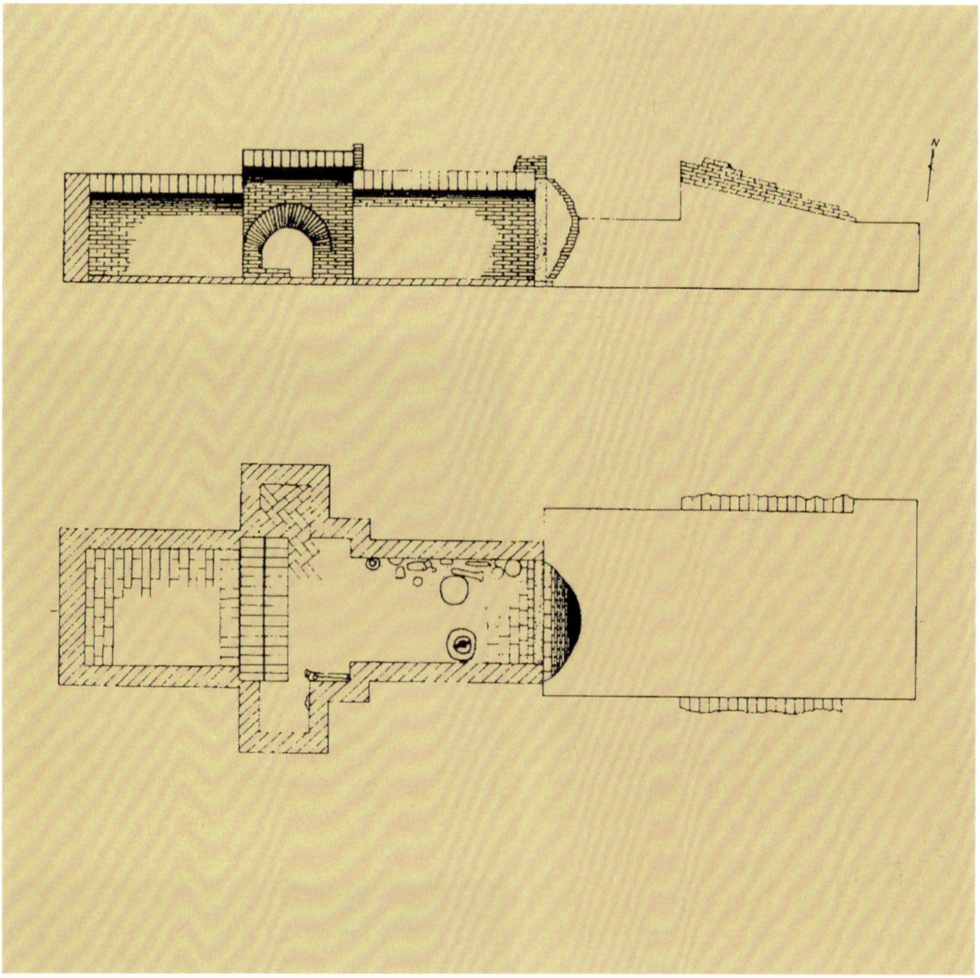

李冢墓群“中”字形墓平面图

铜羊灯 东汉

长 13.7 厘米 宽 6.9 厘米 高 10.3 厘米
正阳县慎水乡李冢墓群出土
驻马店市博物馆藏

整体呈卧羊形，羊首高昂，羊角大而盘卷，额下有须自唇下连至颈部；躯体浑圆，双侧刻画双翅纹；前腿后跪，后腿前屈，臀部肥硕，短尾。腹腔中空，用来存储灯油，羊脖后部装有活钮，臀上装小提钮，使得羊背可以向上掀开平放在羊头上，成为一凹弧椭圆形的灯盘，作子口。造型美观，形象逼真，设计精巧，稳重古朴，恰到好处地表现出羊的温顺之性与安详之态，十分惹人喜爱。“羊”与“祥”通用，象征吉祥、祥和。

汉代铜镜

汉代是我国铜镜发展的重要时期。中国铜镜，以汉镜出土的数量最多，使用普遍。汉镜不仅在数量上比战国时期多，而且在制作形式和艺术表现手法上也有了很大发展。西汉前期是战国镜与汉镜的交替时期。西汉中期汉武帝前后，一些新的镜类流行起来，这些新的镜类对后世铜镜的发展起着承上启下的作用。

“君宜高官”镜 汉代

直径 12.6 厘米　厚 1.3 厘米
1988 年确山县留庄镇张里山出土
驻马店市博物馆藏
镜体呈圆形，正面略凸，背面略凹，镜钮扁圆大，四周各有一字铭文为“君宜高官”。主题纹饰为祥云纹，外为一周凹弦纹，素边缘，略向内倾斜，通体黑色。

连弧日光镜　汉代

直径 14 厘米　厚 1.1 厘米
1977 年遂平县城关废品收购站拣选
驻马店市博物馆藏
圆形，中央为一半球形圆钮，柿蒂纹钮座。钮座旁有一周凸弦纹，外为八字铭文“见日之光，天下大明”。中区草叶纹与四乳钉均匀分布，镜缘为十六个内向连弧纹。

昭明镜　汉代

直径 14 厘米　厚 1.3 厘米
1977 年遂平县棉花厂西出土
驻马店市博物馆藏
镜体呈圆形，中央为一半球形镜钮，柿蒂纹钮座。从钮座向外纹饰依次为：一周凸弦纹，八个向内连弧纹，一周栉齿纹，一周铭文为“内清质以昭明，光辉象夫日月”，字与字之间有“而”字符号，素边缘。

四乳四虺镜 汉代

直径 13.2 厘米　厚 1.2 厘米
西平县文物管理所移交
驻马店市博物馆藏

镜体呈圆形，正面略凸，背面略凹，中央为一半球形镜钮，柿蒂纹钮座外一周宽凸弦纹。主区纹饰四乳钉与四虺相间排列，一周栉齿纹，宽素边缘，布局匀称，美观大方。

四神兽镜 汉代

直径 15.7 厘米　厚 1 厘米
正阳县文物管理所移交
驻马店市博物馆藏

镜体呈圆形，半圆形镜钮，钮外十二连弧纹、凸弦纹各一周，主题纹饰为四大瑞兽——青龙、白虎、朱雀、玄武，窄边缘高凸，通体银色。

规矩镜　汉代

1983 年遂平县嵖岈山乡油篓山出土

鸟兽纹规矩镜　东汉

1985 年驻马店市文管所收购

八乳规矩镜　汉代

汝南县三里店乡采集

四乳规矩镜　汉代

汝南县和孝镇郭庄收购

汉代玉器

汉代的玉器继承了战国时代玉器的传统并有所变化和发展。礼玉器较前期有所减少，各种佩玉在种类上趋于简化，用于丧葬的玉器显著增加，玉制的日用品和装饰品也有较大的发展。在雕琢工艺方面，圆雕、高浮雕、透雕的玉器和镶玉器物较前增多。纹饰的风格以写实为主，一些象生类玉器也有了现实感和生命力，形神兼备，这些都为先秦玉器所不及。

猪形玉握　汉代

长 11.6 厘米　宽 2.7 厘米　高 2.6 厘米

1981 年正阳县寒冻乡西王楼采集

驻马店市博物馆藏

玉质青白，温润晶莹。通体作俯卧猪形，两端平齐。数刀成形，勾撤肢体，以阴线琢出眼、嘴及额、鼻部褶皱，目微闭，双耳贴背，四肢曲于身下，小短尾。颌下和尾部各钻一孔，风格简洁明快，琢磨细腻、传神。

猪形玉握 汉代

长 12 厘米　宽 2.5 厘米　高 2.7 厘米
1981 年正阳县寒冻乡西王楼采集
驻马店市博物馆藏
灰白色，表面有土沁。长方形玉料雕琢而成的卧猪，两端平齐。刀法简洁，用几道简单的直线和弧线表示猪的腿、嘴、眼、鼻、耳等部位，背部微凹，头部与尾部各有一圆形穿孔，细小规整。

蝉形玉琀 汉代

长 5.8 厘米　宽 2.8 厘米　厚 0.5 厘米
确山县古城乡出土
驻马店市博物馆藏
青玉，有受沁灰白斑。扁平体，长条形。中脊较厚，两侧斜下，双目外凸，以斜刀刻出头、颈、尾和双翼的轮廓，双翼和尾部均呈三角形，腹部也阴刻腹沟线。刀起落干净利落，线条流畅。

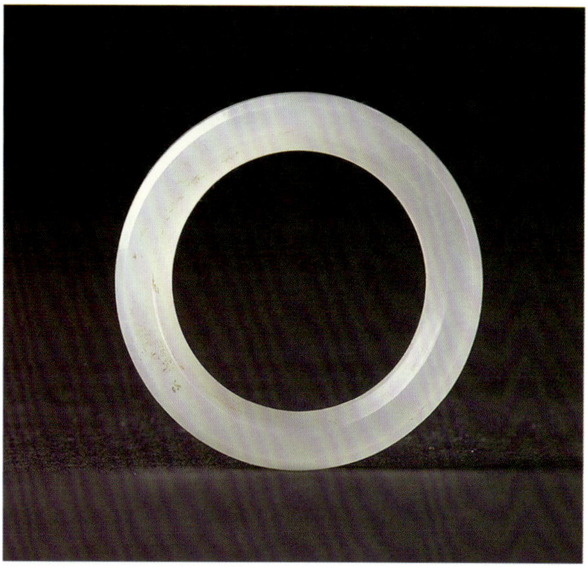

玛瑙玉环　汉代

外径 5.1 厘米　内径 3.7 厘米　厚 0.8 厘米
西平县杨庄乡操场村采集
驻马店市博物馆藏

汉代装饰用玉。白色，纯净，光素无纹。器呈圆环状，内外侧边缘渐薄，横截面呈菱形。形制规整，加工精细。

云纹玉环　汉代

外径 5.6 厘米　内径 2.5 厘米　厚 0.3 厘米
上蔡县北关窑厂出土
驻马店市博物馆藏

灰白色，受沁局部有褐斑。扁平圆体，外缘有残。两面内外缘均有廓线一周，两条廓线间饰阴线卷云纹。

白石盘 汉代

高 7.3 厘米　口径 38 厘米　底径 28.4 厘米

遂平县文物管理所移交

驻马店市博物馆藏

取材硕大，雕刻质朴，充分利用石材的原始纹理在盘心形成了一幅山水图画。

玉璏　汉代

长 6.2 厘米　宽 2.6 厘米　高 1.5 厘米

确山县留庄镇出土

驻马店市博物馆藏

白玉，有点状和块状铁锈沁，呈拱形，两端向下弧形弯曲。表面周缘阴刻弦纹一周，内饰阴线兽面纹和勾云纹。下面近一侧有一略近长方形的穿孔。纹饰工整，做工精细。

汉代金银器

汉代是中国古代金银加工工艺的又一个高峰期，尤以掐丝和焊缀金珠工艺最为成熟。掐丝工艺是将捶打成极薄的金银片剪成细条，慢慢扭搓成丝。焊缀金珠工艺是将金片切碎后加热熔聚成粒，使其凝结在金银丝一端备用。

金豆 汉代

直径 1 厘米
1988 年确山县留庄镇张里山出土
驻马店市博物馆藏
装饰品，黄金质地，中心有一圆孔，作穿系佩戴之用。

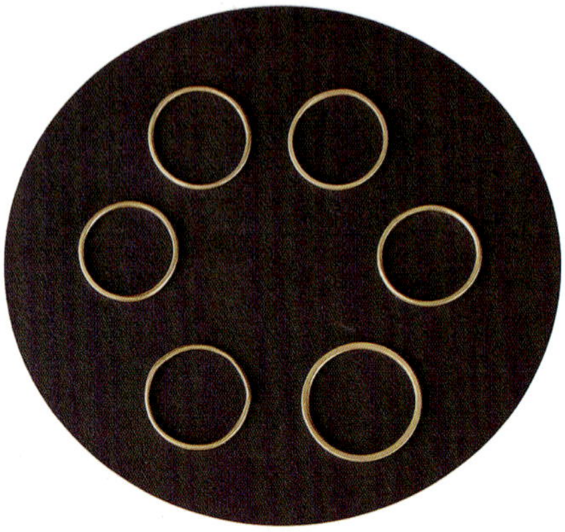

金耳环 汉代

直径 1.7—2.1 厘米
1988 年确山县留庄镇张里山出土
驻马店市博物馆藏

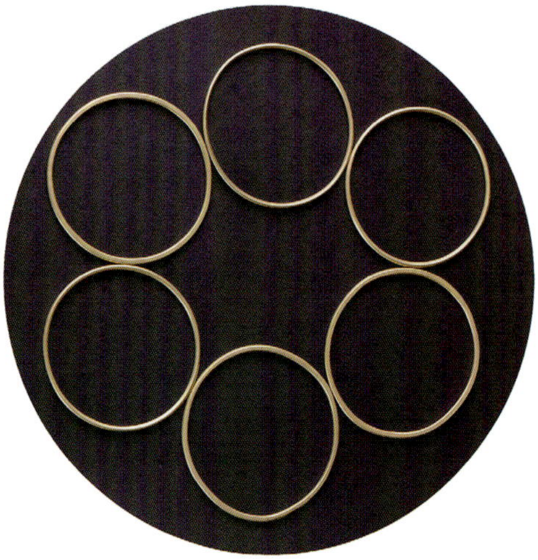

金手镯 汉代

直径 5.2—6.4 厘米
1988 年确山县留庄镇张里山出土
驻马店市博物馆藏
黄金质地，简洁大方。

连珠纹手镯　汉代

直径 6.4—6.5 厘米
1988 年确山县留庄镇张里山出土
驻马店市博物馆藏
成对黄金饰品，呈连珠扭花状，具有时尚流行之感。

鸳鸯金饰 汉代

长 1.9 厘米 宽 1.5 厘米 高 1.4 厘米

1988 年确山县留庄镇张里山出土

驻马店市博物馆藏

黄金质地，铸造精美。共铸有九对鸳鸯——一对大鸳鸯、八对小鸳鸯，寓意“美满良缘，久久长长”。

蛙形金饰　汉代

长 1.6 厘米　宽 1.3 厘米　高 1.3 厘米
1988 年确山县留庄镇张里山出土
驻马店市博物馆藏

金饰呈蛙形，首部高昂，双目圆睁，四肢呈纵身跳起状，活灵活现，腹部有一圆孔，作穿系佩戴用，保存完好。

狮形金饰　汉代

长 2.2 厘米　宽 1.2 厘米　高 1.5 厘米
1988 年确山县留庄镇张里山出土
驻马店市博物馆藏

金饰呈卧狮形，仰首张口，似在咆哮，四肢趴卧，尾粗壮盘曲，颇具威严之感；腹部有一圆孔，作穿系佩戴用，保存完好。

汉代印章

汉代是印章艺术发展的鼎盛时期。汉官印分铸印、凿印两种，一般文官多用铸印，军中则采用凿印。印文以白文居多，书体是由小篆演变而来的“缪篆”。汉私印数量极多，形式丰富，在文字、材料和制作方法上与官印基本相同，只是尺寸略小，其用途、形制更加广泛，艺术特色更加突出。

“褒信侯印”铜印 汉代

长 2.5 厘米　宽 2.5 厘米　高 2.4 厘米

汝南县文物管理所移交

驻马店市博物馆藏

正方体，桥形钮。

铜印章　汉代

长 1.75 厘米　宽 1.75 厘米　高 1.8 厘米

汝南县文物管理所移交

驻马店市博物馆藏

正方体，桥形钮，印文系白文。

铜印章 汉代

长 1.8 厘米 宽 1.8 厘米 高 1.6 厘米

汝南县文物管理所移交

驻马店市博物馆藏

正阳汉代石阙

正阳汉代石阙俗称“望乡台”，位于正阳县城东关外。汉代石阙是我国现存地面建筑实物中年代最早、保存最完整的建筑类型，因此，正阳石阙作为全国仅存的几处汉代墓阙之一，其价值是不可估量的。正阳石阙产生于东汉画像石刻极为兴盛的时期，是工匠师们综合建筑、雕刻、绘画、装饰等技艺创造出来的一组具有代表性的石刻艺术作品。

据《正阳县志》记载，这座石阙用青石条堆筑而成，阙通高 4.75 米，系子母阙。母阙据西，子阙据东。阙身四周雕饰有波纹、云纹、人字纹、圆形及菱形图案。阙顶为单檐式，顶面雕有瓦楞，楞端雕圆形瓦当及纹饰。由于石质比较粗糙，加之年久风雨侵蚀，阙身表面风化严重，图案已模糊不清，只有部分还可以看出一点形迹，如在阙身的南面和东面的人物、牛、龙、斜线和环形花纹。

石阙距今已 1700 余年，它那雄浑古朴的气势、生动细致的建筑和雕刻艺术无不体现了东汉时期的特点和风韵，充分显示了汉代人民的伟大艺术创造才能。

石阙

人杰地灵——“汝半朝”

东汉时期，汝南作为中土大郡，自然条件得天独厚，经济发达，人口繁殷，文化兴盛，人才辈出，有“汝半朝”“汝南固多奇士”之誉。其人物品第之高，数量之多，首屈一指，对东汉的政治、经济和文化产生了深刻影响。

东汉时期汝南名人一览表

陈蕃	?—168 年	字仲举	平舆人，官至太尉
范滂	137 — 169 年	字孟博	确山人，曾任清诏使、光禄勋主事
许靖	?—222 年	字文休	平舆人，曾任尚书郎
许劭	150 — 195 年	字子将	平舆人，曾任汝南郡功曹
郅寿		字伯孝	西平人，官至京兆尹
周防		字伟公	汝阳人，官至陈留太守
钟兴		字次文	汝阳人，官至左中郎、关内侯
戴凭		字次仲	平舆人，官至虎贲中郎将
袁良		字邵公	汝阳人，官至成武县令
周嘉		字惠文	平舆人，官至尚书侍郎
戴尊			慎阳人，官至侍御史
袁京	69 — 142 年	字仲誉	汝阳人，官至侍中
周畅			汝阳人，官至光禄勋
袁彭		字伯楚	汝阳人，官至光禄勋
周举	105 — 149 年	字宣光	汝阳人，官至尚书
何并		字子廉	平舆人，官至陇西太守
许相	?—189 年		平舆人，官至司空
张济	?—196 年		汝阳人，官至尚书
张喜			汝阳人，官至司空
黄浮			汝阳人，官至东海相
袁原			汝阳人，官至司徒
许敬			平舆人，官至司徒
李固	94 — 147 年	字子坚	汝南人，官至太尉
袁敞	?—117 年	字叔平	汝阳人，官至司空
李咸	100 — 175 年	字元卓	西平人，官至太尉

陈蕃（？—168），字仲举，汝南平舆（今平舆北）人。东汉末大臣，汉桓帝时为太尉，汉灵帝时为太傅，反对宦官专权，后被杀。其墓在平舆县城关古槐镇北。陈蕃少年时便有大志，师从胡广，后被举为孝廉，历郎中、豫州别驾从事、议郎、乐安太守；后因不应梁冀私情被降为修武县令，任尚书；又因上书得罪宠臣而外放豫章太守，任内为政严峻，使吏民敬畏；后迁尚书令、大鸿胪，因上书救李云被罢免；再拜议郎、光禄勋，与黄琬公平选举，遭诬告被罢官；不久，被征为尚书仆射，转太中大夫；延熹八年（165），升太尉，任内多次谏诤时事。陈蕃的一生，始终都处在宫廷争斗的动荡之中。作为东汉的大臣，他要么与专权的外戚争锋，要么和乱政的宦官相抗。陈蕃作为汉室重臣为朝廷乱而不亡做出了独特贡献。这其中，陈蕃不避强权、犯颜直谏的做法最让世人感叹。忠君报国，辅社稷之危，面君直言，不避生死，体现了一位忠臣的拳拳心志，更体现出天中先贤的风范。

陈蕃墓

黄宪（75—122），字叔度，号征君，慎阳（今正阳县）人，东汉著名贤士。有一次，颍川名士荀淑路过正阳，与黄宪不期而遇，当时黄宪年仅十四岁，两人相谈十分投机。荀淑说："黄宪，吾之师表也。"黄宪后来被举为孝廉，又辟公府。友人劝其入仕，他便到京师洛阳寻求仕途。在京师，他亲眼目睹朝廷党锢之祸，从此归隐乡里，淡泊名利，洁身修德。后守正以终，天下号曰"征君"。他 48 岁英年早逝，他的道德和操行受到时人的称赞，同郡人陈蕃位居太尉时，曾临朝感叹道："叔度若在，吾不敢先佩印绶矣。"

黄宪肖像

桓宽，字次公，西汉汝南郡（今上蔡县）人。西汉后期散文家。他博通五经，才思敏捷，汉宣帝时被举为郎官，后任庐江太守，著有《盐铁论》10 卷 60 篇。《盐铁论》诸篇首尾相属，以对话的形式，真实生动地再现了当时论战的过程和场面，是研究西汉时期的社会矛盾、思想斗争、经济政策和桑弘羊的经济思想等问题的珍贵资料。在《盐铁论》中，桓宽明显地站在论战中的贤良、文学一方，主张对人民实行仁政，反对盐铁由国家垄断专卖。但作为一位正直的学者，桓宽仍然比较公正、客观地对大理财家桑弘羊给予了高度评价。他这种不媚世俗、秉笔直录、实事求是的写作态度，是很值得后人借鉴的。

黄宪墓

桓宽与《盐铁论》

月旦评

月旦评又称“汝南月旦评”，它是东汉末年以汝南名士许劭为首，与其族兄弟许靖共同主持的一项品评人物、论士议政的活动。许劭、许靖两兄弟（今平舆人）皆为东汉末年著名贤士。当时，宫廷混乱，奸邪当道，政治腐败，祸乱四起。为治理国风，抑恶扬善，二许凭其才识谋略，在清河岛上开办了一个讲坛，每月初一命题清议，评论乡党，褒贬时政，不虚美，不隐恶，不中伤，能辩人之好坏，能分忠奸善恶，或在朝或在野，都在品评之列。评后验证，众皆信服。凡得好评之人，无不名声大震，一时引得四方名士慕名而来，竞领二许一字之评以为荣。因这项品评人物、论士议政的活动，于每月初一进行，故称“月旦评”。月旦评对当时社会的政治、思想文化、选官制度及稍后出现的九品中正制均产生了重大和深远的影响。清孔尚任《桃花扇·修礼》中“舌唇才动，也成月旦春秋”即说的是此事。

许氏兄弟利用“月旦评”为时政举荐了不少人才，如许劭推荐的樊子昭、和阳士、虞承贤、郭子瑜等都显名于世，人称许劭为“拔士者”。许劭更是准确地评论曹操为“治世之能臣，乱世之奸雄”，留下了千古佳话。后来，许靖出任蜀汉太傅，备受世人敬重；许劭曾任汝南郡功曹等职。劭兄许虔，品德高尚，志趣高雅，待人宽厚，与弟许劭俱有高名，汝南人称“平舆渊有二龙焉”。平舆县城的古巷“二龙里”和小清河的“月旦岛”“月旦桥”皆因其人其事而得名。

袁安碑

汉司徒袁安碑，东汉永元四年（92）立，现藏河南博物院。袁安，字邵公，汝南郡汝阴县人，东汉和帝年间官至司徒。袁安的子孙后代，累世官宦，四世三公，盛于东汉，“汝南袁氏”遂成为东汉的著姓。

袁安碑及碑文拓片 汉代

袁安碑碑文释文：司徒公汝南女阳袁安召公，授《易》孟氏〔学〕。
永平三年二月庚午，以孝廉除郎中。四〔年〕
十一月庚午，除给事谒者。五年正月乙□，
迁东海阴平长。十年二月辛巳迁东平〔任〕
城令。十三年十二月丙辰，拜楚郡〔太〕
守。十七年八月庚申，征拜河南尹。〔建〕
初八年六月丙申，拜太仆。元和三年五〔月〕
丙子，拜司空。四年六月己卯，拜司徒。
孝和皇帝加元服诏公为宾。永元四年〔三〕
月癸丑薨，闰月庚午葬。

画像石墓门（2件）

汉画像石，是汉代地下墓室、墓地祠堂、墓阙和庙阙等建筑上雕刻画像的建筑构石。画像石不仅是汉代以前中国古典美术艺术发展的巅峰，而且对汉代以后的美术艺术也产生了深远的影响，在中国美术史上有承前启后的重要地位。

石刻铭文：“皖县宰胡君庙东横门复无所舆大吉。”

三、对峙与融合

悬瓠之战

魏晋南北朝时期，驻马店地区历经“八王之乱”与南北对峙，成为各方争夺的前沿阵地。尤其是北朝的北魏政权，与南朝的宋、齐、梁先后在悬瓠（今汝南县）大战，人民饱受战争之苦，社会经济遭受严重破坏。

悬瓠城为南朝刘宋政权管辖，刘宋开国皇帝刘裕十分重视生产，励精图治，他的儿子文帝刘义隆于公元 424 年即位后继续改革，压制豪强，国力日渐强盛，史称“元嘉之治”。刘义隆并不甘心偏安南方，元嘉二十六年 (449) 五月提出北伐，收复中原。而在北方，北魏太武帝拓跋焘也是踌躇满志，到公元 439 年，北魏在他治理下已经统一整个北方。南北两个王朝都在强烈地图谋对方，最终，公元 450 年，闻知消息的拓跋焘决定先下手。据《资治通鉴》第一百二十五卷记载，当年二月初三，拓跋焘在梁川（有说在商丘境内）大规模围猎。刘义隆发现对手在搞“军事演习”，立刻命令淮河沿岸各前线郡县做好准备。七天后，拓跋焘亲率十万大军南下，重兵包围悬瓠城。当时，守城的将士不足一千人，将领为陈宪。魏军不分昼夜攻城，在城外筑起高高的楼车，向城内射箭，又用铁钩将南城墙拉塌。但陈宪指挥若定，守军和百姓很快又在城内架设了新的城墙，拼死奋战，魏军竟然

悬瓠之战

久攻 42 天未克。初建时期的北魏政权，一如许多马背民族，擅长野战，却不擅长攻城。拓跋焘正焦躁之际，刘义隆的援兵亦从寿阳赶来，拓跋焘派部将乞地真迎战，结果乞地真被宋军斩杀，魏军粮草、车马被烧。拓跋焘见形势不利，自毁攻城武器，

向北撤退。宋魏悬瓠之战，创造了中国战争史上以少胜多的奇迹，也是淝水之战后南北双方的一次重要战争。此后，一心不忘北伐的刘宋向北进军，打到黄河沿岸，随后魏军反攻，攻下悬瓠城、项城等，又一直打到长江北岸，但因损失过半，已失去再战的力量。史载，拓跋焘向刘义隆求联姻，被刘义隆拒绝，于是无奈撤军，撤军时，为了削弱刘宋，魏军杀了雍、徐、兖、豫、青、冀六州许多百姓，“元嘉之治”就此结束。

魏晋南北朝时期天中主要战事一览表

时间	战争地点	战争双方	战争结果
永嘉五年（311）	汝南、新蔡、朗陵（今确山县）	石勒、西晋	石勒攻占汝南、新蔡、朗陵（今确山县）
建武二年（318）	安城（今汝南县）	祖逖、石勒	败石勒军
隆和元年（362）	悬瓠（今汝南县）	燕、晋	大败晋军
宋元嘉二十七年（450）	悬瓠（今汝南县）	北魏、南朝宋	宋军以少胜多
永明五年（487）	比阳（今泌阳县）	齐、魏	魏军大败
永明六年（488）	比阳（今泌阳县）	齐、魏	齐军大败
天监七年（508）	悬瓠（今汝南县）	梁、魏	魏败梁军，杀梁平北将军白早生

魏晋风流——汝南名士与望族

魏晋时期，由于社会动荡，一大批士人对时局不满，他们蔑视国法，笑傲王侯，或归隐山林，纵情山水；或以酒为伴，狂歌滥饮；或宽衣解带，放荡不羁。汝南士人代表性的有和峤、周觊、毕卓等。新蔡人毕卓，爱酒如命，经常对人说：“得酒四百斛，右手持酒杯，左手持蟹螯，拍浮酒船中，便足了一生矣。”（《晋书·毕卓传》）

毕卓醉酒

干宝，字令升，新蔡人，东晋著名文学家、史学家。年轻时勤奋好学，才识出众，被诏为著作郎，后封为关内侯。晋元帝时主持修撰国史，编《晋纪》20 卷，该书言简意赅、详略得当，论述委婉而中肯，世称良史。

干宝像

《搜神记》是魏晋志怪小说的杰出代表。书中不少作品记述鬼怪故事，曲折地反映了社会现实矛盾，小说中的人物形象鲜明，情节富于变化，语言朴素清新，充满浪漫主义色彩，在魏晋志怪小说中成就最高。《搜神记》在题材和艺术形式上对唐朝传奇文学产生了深远的影响，在中国小说发展史上占有重要的地位。

范缜，字子真，南阳舞阴（今泌阳县）人，幼年孤贫，勤奋好学，后为齐、梁太守，官至尚书殿中郎、尚书左丞。他是著名的无神论者，朴素唯物主义思想家。其著《神灭论》无情地驳斥了佛教的精神支配物质、灵魂不灭的理论，正确地阐明了精神从属于物质的唯物主义思想，肯定了物质第一性、精神第二性的观点。《神灭论》把古代唯物主义反对唯心主义宗教神学的斗争推向了高峰，是中国思想史上的宝贵遗产。

范缜与《神灭论》

汝南望族一览表

姓	代表人物	堂号	堂联
袁	袁安、袁隗、袁绍	袁姓汝南堂、卧雪堂	忠臣孝子，四世三公。才捷当庭赋铜鼓，节高卧雪对梅花（袁安）
许	许靖、许劭	许姓汝南堂、月旦堂	汝南世泽，二龙家声
和	和峤	和姓汝南堂	源自唐尧，望出汝南。岭南无珍货，汝西有栋梁
周	周裴	周姓汝南堂	汝水南来，碧浪清波流大海；岐山西发，奇峰秀翠耸中天
陈	陈蕃	陈姓汝南堂	投辖留客，悬榻待贤
南	南仲	南姓汝南堂	姓启商代，望出汝南
梅	梅陶	梅姓汝南堂	中侯苗裔，汝南望族
廖	廖叔安	廖姓汝南堂	源出武威汝南，历周汉晋唐末元明清，世推望族；派盛楚豫闽粤，数公侯卿相台恒督抚，代显伟人
戴	戴凭		一经传旧德，五世振儒风
范	范滂	范姓汝南堂	党祸株连，子宁割爱；邓公应梦，母为留名
殷	殷浩	殷姓汝南堂	汝南世泽，汉国家声
昌			汝南发秀，帝胄增华
桓	桓宽		直言世事遗新论，推衍宏议号盐铁
沙		沙姓汝南堂	汝南世济，东莞世家
仰			源自上古，望出汝南
应	应劭		汉官定仪，道院栖真
蓝		蓝姓汝南堂	
蔡		蔡姓汝南堂	
薛		薛姓汝南堂	
商		商姓汝南堂	
杨		杨姓汝南堂	
王		王姓汝南堂	
漆		漆姓汝南堂、三贤堂	
齐		齐姓汝南堂	
左		左姓汝南堂	
沈		沈姓汝南堂	

魏晋南北朝陶瓷器

三国、两晋时期，江南陶瓷业发展迅速，青瓷自东汉晚期出现以后，经过三国、两晋、南北朝，在坯、釉质量上有了不同程度的提高。这一时期北方的动乱局面使中原一带政治、经济遭受严重破坏，陶瓷业渐趋衰退。而北朝后期白瓷的出现，表明中国制瓷业达到了新的高峰。

方格纹陶罐 晋代

高 20.2 厘米　口径 13 厘米　腹径 18.5 厘米　底径 14.7 厘米
1984 年平舆县射桥乡单老村出土
驻马店市博物馆藏
夹砂灰陶，敞口外折，束颈，鼓腹，平底，腹部装饰不规则方格纹。

灰陶盘口四系瓶　晋代

高 27 厘米　口径 11.9 厘米　腹径 16 厘米　底径 8.5 厘米
1984 年平舆县射桥乡大徐村出土
驻马店市博物馆藏

泥质灰陶，盘口，高颈，颈部饰三周凸弦纹，肩部四系均匀分布，鼓腹，腹部装饰不规则线条纹，平底。

红陶平口壶 南北朝

高 21.6 厘米 口径 7.3 厘米 腹径 14.7 厘米 底径 8.2 厘米

上蔡县文物管理所移交

驻马店市博物馆藏

泥质红陶，平口，宽口沿，细颈，溜肩，鼓圆腹，平底，通体素面无纹饰。

褐釉四系瓷坛　晋代

高 19 厘米　口径 8.5 厘米　腹径 19 厘米　底径 12.8 厘米
确山县朱古洞乡出土
驻马店市博物馆藏

口沿造型别有用心，具有良好的密封性；四粗系均匀分布于肩部，通体施褐色釉，厚薄不均，明显流釉，形成不规则釉纹装饰。

褐釉双系瓷壶 晋代

高 14.1 厘米 口径 7.4 厘米 腹径 12.1 厘米 底径 7.8 厘米

上蔡县文物管理所移交

驻马店市博物馆藏

喇叭形口，束颈，溜肩，鼓圆腹，对称双耳，腹上部装饰有两组细凹弦纹，腹下部两组粗弦纹，平底。

青釉瓷缸　晋代

高 34.8 厘米　口径 15.7 厘米　腹径 24.4 厘米　底径 14.5 厘米
上蔡县芦岗乡三里沟出土
驻马店市博物馆藏
敞口，方唇，短颈，丰肩，腹下部内收，平底，施青色釉不到底，最大腹径处饰一周凹弦纹，腹下部装饰不规则细方格纹。

青釉四系瓷罐　南北朝

高 23 厘米　口径 11.6 厘米　腹径 22 厘米　底径 11.6 厘米
上蔡县无量寺乡小张乡出土
驻马店市博物馆藏
直口，尖唇，广肩，腹部下收，平底，肩部有四系对称分布。黄白色胎体，上饰淡青色釉，施釉不到底，厚薄不均，流釉明显，肩部饰一周弦纹，釉色晶莹明澈。

魏晋南北朝铜器

魏晋南北朝时期的铜器制作较前代有所减弱，铜器主要为生活用器，祭祀礼器几乎不再出现，铜镜制作是此期一大特色。北方魏镜和南方吴镜均首开向日本出口的先例，把中国的铜镜艺术和铸造工艺传播到了日本。

神兽镜 西晋

直径 14.7 厘米 厚 1.5 厘米
确山县文物管理所移交
驻马店市博物馆藏

圆形，半球形镜钮，镜背纹饰布局以环绕式为主，内区纹饰以东王公、西王母等神人和四大瑞兽为主，外区有半圆方枚，并刻有铭文，以祈求长寿、富贵之类的吉祥语为主。魏晋南北朝时期此类铜镜最为流行，在当时动荡、分裂的时期，更多地反映出社会大众对平安、安定的向往和企盼。

"三羊"铜镜 三国

直径 10.1 厘米 厚 1.1 厘米
汝南县文物管理所移交
驻马店市博物馆藏

镜体呈圆形，正面略凸，背面略凹，半球形镜钮，内区纹饰由三羊组成，外加一周十字铭文，外区平行纹、锯齿纹、双波纹各绕一周，素边缘。

铜盉　西晋

长 30.4 厘米　宽 24.4 厘米　高 18.3 厘米

上蔡县芦岗乡三里沟出土

驻马店市博物馆藏

酒器。平口，直颈，有盖，盖为圜底盘状，中部铸一铜钮，周边花鸟图案，盖与器口以活动的子母销相连接；一侧鋬手为空心方筒状，前端为鸡首状的流，扁圆腹，最大腹径处有一棱，三只兽蹄足，圜底。

舟形铜灯　西晋

长 13.7 厘米　宽 11.5 厘米　高 7.1 厘米

上蔡县芦岗乡三里沟出土

驻马店市博物馆藏

整体小船形，中部铸有活钮，使得前上部开合自如，更加方便点灯；铸有三只环状钮，造型独特，集实用性和艺术性于一身。

铜流釜　南北朝

长 44 厘米　宽 19.8 厘米　高 15 厘米
1982 年上蔡县芦岗乡徐庄村采集
驻马店市博物馆藏

小型炊器，敞口，窄口沿外折，浅圆形腹部，有造型独特的长把手和长流，三只兽蹄足。

铜甗 西晋

高 26.5 厘米　口径 13.7 厘米　腹径 31.5 厘米　底径 14.7 厘米
上蔡县芦岗乡三里沟出土
驻马店市博物馆藏

古代蒸煮食物的炊器，相当于今天的蒸锅。上部为甑，放置食物；下部为釜，置水；上下各有对称的铺首环耳；腹部凸出平边一周，用以支撑器体于灶口之上，中间有箅，上有通蒸汽的孔，热气可通过箅孔加热上部的食物，下腹斜收，圈足底。

带座铜佛像　北朝

长 1.6 厘米　宽 1.3 厘米　高 6.1 厘米
1987 年平舆县庙湾乡岗李征集
驻马店市博物馆藏

佛像线条简练准确，头绾高髻，面容清瘦端庄，外穿对襟长袍，做工精致。

鎏金铜佛像　北朝

长 2.6 厘米　宽 2.2 厘米　高 6.8 厘米
驻马店市文物管理所移交
驻马店市博物馆藏

头绾高髻，面容端庄，耳垂宽大，表情微笑使人备感亲切。后背椭圆形火环，左手高举至肩平，右手似握有东西至腹部，外穿对襟长袍，赤脚直立于莲花座上，通体鎏金，做工精致。

婆子山摩崖造像

位于象河乡庞庄婆子山。窟龛内有三世佛、菩萨、力士、人物等浅浮雕90余尊，多为北魏、隋唐造像，个别为宋代造像。

第六章

蔡州遗事

隋、唐、宋时期，驻马店为豫州、蔡州、唐州之地，今汝南县城为豫州、蔡州治所。作为名藩重镇，这里经济富庶，文化昌明，是政治、经济、文化教育发达的地区之一。五六百年间，风起云涌，颜真卿天中山慷慨赴难，李愬雪夜下蔡州，宋蒙联合灭金，金忠出使日本与新罗，历史在这里凝结。

李愬雪夜袭蔡州

唐宪宗元和十二年（817），身为节度使的李愬奉命讨伐叛将吴元济，在此之前的平叛，已经僵持了三年之久，耗费了大量人力物力，故李愬决定奇袭。十月十日夜，风雪交加。李愬率部兵临蔡州城，他命部下惊扰一个鸭鹅池以掩盖军队行走的响声，出其不意，顺利攻城，活捉了吴元济，结束了蔡州被叛军割据五十二年的局面。这成为我国古代军事史上突袭成功的典型战例之一。

和雪翻营一夜行，神旗冻定马无声。遥看火号连营赤，知是先锋已上城。
旗幡四面下营稠，手诏频来老将忧。每日城南空挑战，不知生缚入唐州。

——〔唐〕王建《赠李愬仆射二首》

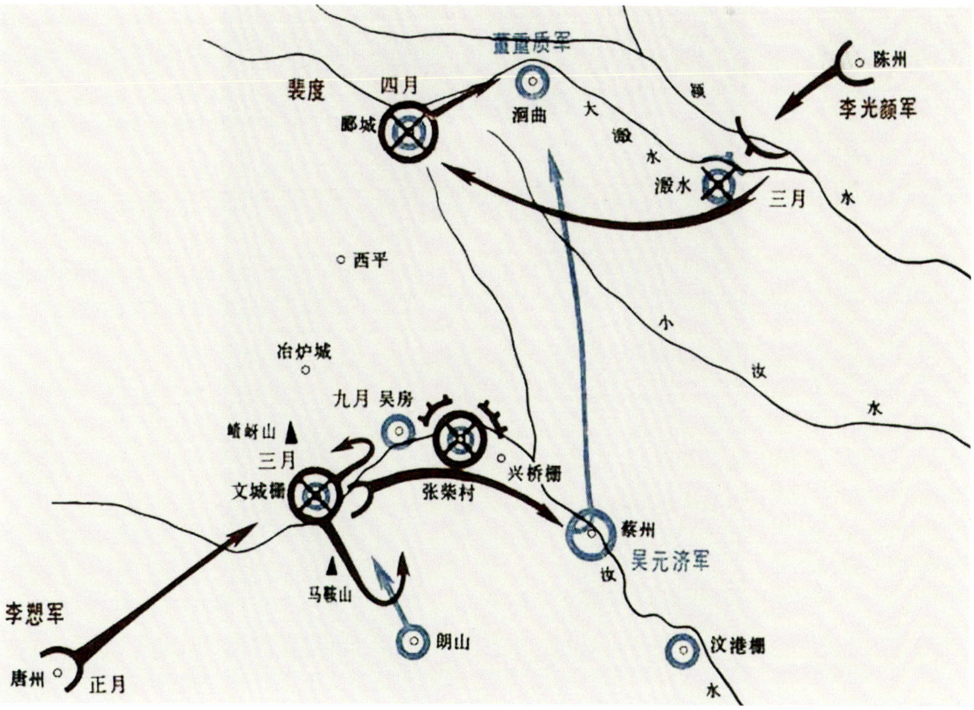

李愬袭蔡州之战形势图

隋唐陶瓷器

在陶瓷史上，隋代陶瓷工艺不曾有独特的建树，可它却为一个新的陶瓷时代拉开了序幕。隋以前烧瓷窑场主要都集中在长江以南和长江上游的四川地区，北方的烧瓷窑场极为稀少，亦无文献述及。入隋以后，南北方瓷业才开始有了飞跃性的发展，窑场及其烧制的瓷器明显增多，各种花色、风格、样式的瓷器开始呈现，形成各竞风流的局面。唐代瓷器的制作与使用更为普及，瓷器的品种与造型新颖多样，其精细程度远远超越前代，在发展中形成了“南青北白”的两大瓷窑系统。南方地区主要烧制青瓷，以浙江越窑为代表，北方地区主要烧制白瓷，以河北邢窑为代表。

这一时期是重要的窑具“匣钵”普及发展的时期，使得瓷器制作与造型发生了很大的变化，胎壁由厚重趋向轻薄，底足由平底、饼形足变为玉璧形底、圈足，器物造型趋向于轻巧精美。这时还出现了绞胎瓷、花釉瓷、秘色瓷等高级品类。长沙窑普遍使用了瓷器高温釉下彩、釉上彩新技术。

青釉瓷瓶 隋代

白陶马　唐代

长29.9厘米　宽9.5厘米　　高29.5厘米

西平县专探乡朱湖村东沟出土

扬颈低头，张口露齿，双耳挺立，披鬃，缚尾，背负鞍鞯，马直立于长方形平板之上。

白陶马　唐代

长29.6 厘米　宽10厘米　高29厘米

西平县专探乡朱湖村东沟出土

白陶骆驼 唐代

长 33 厘米　宽 9.7 厘米　高 33.6 厘米

西平县专探乡朱湖村东沟出土

骆驼昂首，背负鞍韂，驼峰双摆，尾卷曲附于臀部，四肢直立于平板之上。

白陶骆驼　唐代

长 31 厘米　宽 10.3 厘米　高 33.5 厘米

西平县专探乡朱湖村东沟出土

白陶镇墓兽 唐代

长 15 厘米 宽 12.4 厘米 高 29.5 厘米
西平县专探乡朱湖村东沟出土
头顶独角，蹄足，仰首躬身，前肢直立，后肢伏地呈蹲坐状。

白陶镇墓兽 唐代

长 17.2 厘米 宽 13.2 厘米 高 26.6 厘米
西平县专探乡朱湖村东沟出土

白陶女俑　唐代

西平县专探乡朱湖村东沟出土

白陶武士俑　唐代

长 11.8 厘米　宽 8 厘米　高 37 厘米
西平县专探乡朱湖村东沟出土
陶俑面目威严，头戴盔帽，身穿窄袖战袍，外着铠甲，铠甲附双护胸镜。双手置于胸前，作握兵器状。

白陶女俑 唐代

西平县专探乡朱湖村东沟出土

白陶女俑　唐代

西平县专探乡朱湖村东沟出土

白陶侏儒俑 唐代

长 4.7 厘米　宽 4.4 厘米　高 11 厘米

西平县专探乡朱湖村东沟出土

发鬓残，有胡须，身穿宽袖长袍，腰束带，左手提袍，右手背后，呈站立状。

白陶仆男侍俑 唐代

长 6.6 厘米　宽 5.2 厘米　高 22.2 厘米

西平县专探乡朱湖村东沟出土

头戴冠，面露微笑，窄袖长袍，双手抄于腰际，呈站立状。

唐三彩是唐代多色釉陶的简称，堪称唐代陶瓷中的著名品种。其造型繁多，釉色华丽，具有较高的艺术价值。其釉以氧化铅为助熔剂，以铜、铁、钴、锰等金属的氧化物为着色剂，入窑经800℃—900℃高温烧成后，呈现深浅不同的绿、蓝、黄、褐、白、黑等色。

三彩炉　唐代

口径11厘米　腹径17厘米　高12.3厘米
1984年遂平县诸市乡小寨村村民上交
驻马店市博物馆藏

体呈圆形，口微侈，圆唇，束颈，溜肩，鼓腹，平底，下附三个兽形足。器体饰绿、黄、褐三彩，釉料自然流淌。

青釉褐彩瓷盂 唐代

确山县任店乡出土

体呈圆形，敛口，鼓腹，假圈足。施青釉，釉质光亮，口至腹部匀称地加施深浅不一的褐色条形纹饰，由上而下，流畅自然。

绞釉瓷枕 唐代

长 14.5 厘米 宽 13 厘米 高 6.6 厘米

呈圆角长方体形，中空，枕面略倾斜，瓷枕表面黄、褐色釉相间。

长沙窑，唐宋时期南方瓷窑，位于今湖南省长沙市望城区丁字镇彩陶源村。产品主要是青瓷，生活用具种类很多。釉色有青、黄、白等色。长沙窑首创釉下彩器和在瓷器上彩绘的装饰技法，即在青釉下用褐色或绿色斑点组成几何图案，在白釉或青黄釉下用笔绘云彩和几何纹。此外 ，还有模塑贴花、印花、刻花、堆花等装饰。

长沙窑褐釉双系瓷罐　唐代

唐代铜镜

唐代铜镜在造型上突破了汉式镜，创造出各种花镜，如葵花镜、菱花镜等。图案除传统的瑞兽、鸟兽、画像、铭文等纹饰外，还增加了表现西方题材的海兽葡萄纹及表现现实生活的打马球纹等。唐代铜镜的纹饰和总体布局也突破了前期的程式规范。铜镜的构图虽然还是环绕式和对称式的表现手法，但是布局清新明朗、流畅华丽、自由活泼，特别是高浮雕技法，生气充沛、柔美自然。

铸为明镜绝尘埃，翡翠窗前挂玉台。绣带共寻龙口出，菱花争向匣中开。
孤光常见鸾踪在，分处还因鹊影回。好是照身宜谢女，嫦娥飞向玉宫来。

——〔唐〕姚合《咏镜》

宝相花纹透光铜镜　唐代

直径 16.8 厘米　厚 0.4 厘米
1975 年遂平县修复汝河堤岸月儿湾工地发掘
驻马店市博物馆藏

“透光”镜是一种特殊的青铜镜，正面微凸，不仅能照人，当阳光或平行光束照射在镜面上时，镜面的反射投影会现出与镜背相同的纹饰和铭文。这是由于在铜镜的铸造冷却与镜面研磨加工过程中所产生的铸造应力和弹性应变，使镜面产生了肉眼不易觉察的与镜背纹饰相应的不同程度的凸起。镜背较凸部位对反射光的发散度较大而成像较暗，凸起较小部位成像较亮，产生了对应于镜背图案的明暗“透光”效应。

葵花形莲生贵子纹铜镜　唐代

确山县竹沟镇出土

铜镜造型为葵花形，圆钮。镜背高弦纹分作内外二区。钮上方为两片荷叶，中间夹一朵含苞待放的荷花，钮下方是一片稍大的荷叶，两侧有开放莲花，花蕊上方分别站一裸体男童，头顶荷叶，双臂张开。右侧男童一脚抬起，两手各执莲茎，头向左微倾。

葵花形仙人骑鹤纹铜镜　唐代

西平县文物普查献交

八瓣葵花形，圆钮。内区纹饰为四位神仙，头束高髻，佩戴高冠，骑跨在鸾鸟、仙鹤、神鹿和麒麟上飞翔，镜缘八瓣葵花内点缀花卉纹和蜂蝶纹。

海兽葡萄纹铜镜　唐代

汝南县马乡镇大王庄出土

圆形，兽形钮。镜背纹饰系高浮雕，主题图案由葡萄和海兽组成，以葡萄纹将镜背分为内外两区，内区为数只海兽相互追逐嬉戏，海兽之间为蔓枝葡萄的叶子和果实，外区为飞禽及葡萄蔓枝、叶、实。

菱花形云龙纹铜镜　唐代

1987年正阳县工商局移交文化馆收藏

八卦双鸾纹铜镜　唐代

1974年遂平县常庄乡大兴村出土

天中山碑

唐朝建中年间，淮西节度使李希烈拥兵自重，以蔡州为中心自立为王，德宗皇帝派太子太师颜真卿到蔡州宣慰李希烈，反被李希烈囚禁在天中山旁的龙兴寺内。此碑文为颜真卿所书。

缸窟湾石窟

位于泌阳县下碑寺乡缸窟湾村西。共有五个窟龛，内雕佛、菩萨、弟子、力士、供养人等。

宋代瓷器

宋代是传统制瓷工艺发展史上一个非常繁荣昌盛的时期。陶瓷史家通常将宋代瓷窑概括为六个瓷窑系，分别是：北方地区的定窑系、耀州窑系、钧窑系和磁州窑系；南方地区的龙泉青瓷系和景德镇的青白瓷系。最能反映皇家气派的是哥、官、钧、汝与定窑口烧制的贡瓷，最能体现百姓喜乐的是磁州、耀州窑口烧制的民间瓷品。

钧窑，中国宋元时期北方瓷窑。因在钧州（今禹州市）境内，故名，为宋代五大名窑之一。钧窑创烧于唐兴盛于北宋，经历宋金至元代，以后历代都有仿造。境内有窑地近百处。 唐代已烧黑釉带斑点器物，时称“花瓷”，对宋代紫红斑点装饰有直接影响。北宋后期专为宫廷烧制供养植奇花异草用的各式花盆与盆托，钧台窑是宋代众多钧窑中最具代表性的窑场之一。

钧窑蓝釉瓷碗　宋代

口径 17 厘米　底径 6.5 厘米　高 4 厘米

1978 年遂平县沈寨乡和店学校采集

敞口，浅腹，斜壁下收，圈足，内外均施蓝釉，玫瑰紫彩斑，釉面布满开片。

钧窑天蓝釉瓷盘 宋代

口径 15.7 厘米 底径 5.3 厘米 高 3.5 厘米

上蔡县文物管理所旧藏

钧窑天蓝釉瓷碗 宋代

上蔡县文物管理所旧藏

钧窑天蓝釉瓷碗 宋代

上蔡县蔡都镇芦岗乡粮所出土

磁州窑，中国古代北方最大的一个民窑体系，窑址在今河北省邯郸市峰峰矿区的彭城镇和磁县的观台镇一带，创烧于北宋中期，南宋、辽金元、明清仍继续烧制。磁州窑的器型和纹饰为民间所喜闻乐见，影响范围较广，发展迅速。北方各地纷纷仿制，形成了一个庞大的磁州窑体系。河南鹤壁集窑、修武当阳峪窑、禹县（今禹州市）扒村窑、登封曲河窑，山西介休窑、霍窑，山东淄博窑，江西吉安吉州窑，以及福建泉州、四川广元等地都大量烧造与磁州窑风格相近的瓷器。磁州窑的釉色较为丰富，有白釉、黑釉、酱釉和绿釉等，尤以白釉最为出名。

白釉黑花瓷盆　宋代

1984 年遂平县文物普查濯阳镇捐

白地黑花草叶纹瓷枕　宋代

1972 年西平县出土

白地黑花玉壶春瓷瓶 宋代

撇口，长颈，溜肩，鼓腹，圈足，施白釉，釉至腹下部，颈下至腹部绘黑彩弦纹和花卉纹。

白地黑花双系葫芦瓷瓶 宋代

上蔡县邵店乡刘集村出土

小敛口，束颈，鼓腹，形似葫芦，肩附双系，上半部分施白釉、绘黑彩弦纹和植物纹，下半部分施黑釉。

白釉褐花瓷瓶　宋代

汝南县文物管理所旧藏

白地褐花四系瓷瓶　宋代

汝南县文物管理所旧藏

临汝窑，在河南临汝县（今汝州市）。始于北宋中叶，盛于北宋后期，延续到金代。其主要烧造碗、盘等器皿，造型式样不多，有的光素无纹饰，有的饰以印花，另有少数刻花器。所烧钧窑系青瓷，既有汝窑特征，又有钧窑特色。釉色有玫瑰紫、青绿、月白、天蓝等；另有一种淡月白釉中带红色斑点的，为其他钧窑系瓷窑所没有。

临汝窑豆青釉瓷碗 宋代

口径 22 厘米　底径 6.6 厘米　高 10.8 厘米

上蔡县芦岗乡粮所出土

敞口，圆唇，斜壁下收，圈足，通体施青釉，足部无釉，釉色莹润，有细小开片。

临汝窑青釉瓷碗　宋代

临汝窑豆青釉瓷碗　宋代

临汝窑豆青釉瓷盘　宋代

白釉瓷执壶 宋代

上蔡县邵店乡集北村出土

敞口，圆唇，直颈，丰肩，鼓腹，圈足，颈肩部置一系，另一侧肩部有一短流，通体施白釉。

白釉瓷缸 宋代

黑釉瓷盒　宋代

黑釉瓷灯　宋代

白釉珍珠地卷草纹瓷枕　宋代

青白釉皈依瓷瓶　宋代

绞胎瓷球　宋代

白釉点褐彩瓜棱形瓷盂　宋代

宋代铜镜

宋代铜镜注重实用，不崇华侈，器体轻薄，装饰简洁，形状仍以圆形为主，亦有方形、弧形、菱形及带柄等多种形式。背面多铸有花鸟鱼虫、人物故事、山水楼阁等图案纹饰，亦有光素无纹者。宋代铜镜多产于湖州、抚州、成都等地。宋代铜镜大部分为黄铜质，含锡量明显减少，而含铅量大增，这样的合金成分一直影响着后世的铜镜。

菱花形带柄铜镜 宋代

长 17.2 厘米　宽 8.95 厘米　厚 0.56 厘米

1988 年遂平县车站乡王芒庄村民交

六瓣菱花镜，凸弦纹将镜背分为内外两区。

秦王铜镜 宋代

直径 9.25 厘米　厚 0.6 厘米

正阳县移交

圆形，半球形钮，凸弦纹将镜背分为内外两区，内区四兽，外区饰“赏得秦王镜，判不惜千金。非关欲照胆，特是自明心”铭文。

葵花形湖州铜镜　宋代

双鱼铜镜　宋代

宋代银铤

宋代时，银铤不仅是一种流通货币，还演变为国家和地方税收特种货币，是民间缴纳税款的凭据。宋代银铤多为束腰状。

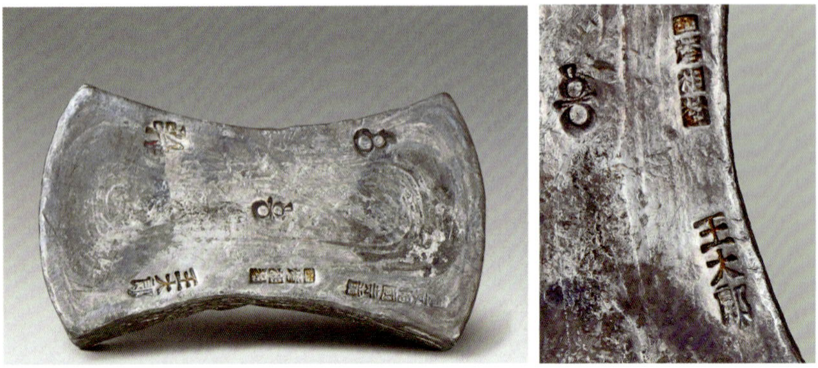

“王大郎”银铤　宋代

“王九”银铤　宋代

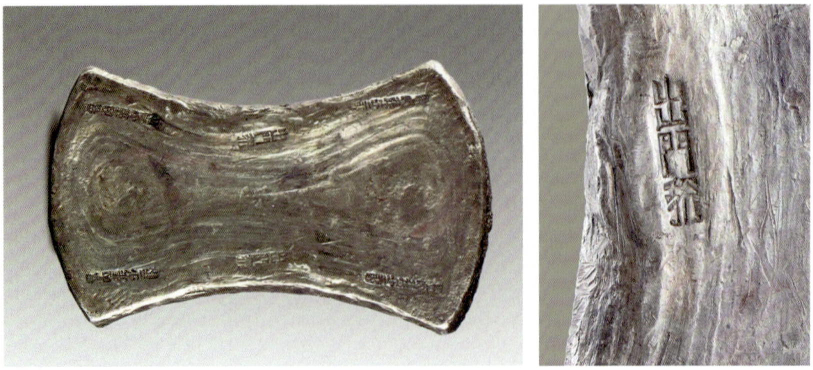

“出门税”银铤　宋代

金代陶瓷器

金代陶瓷业在中国窑瓷史上是一个不可缺少的组成部分，在金迁都燕京之前，陶瓷生产多以日用粗瓷为主，装饰甚少。迁都之后，基本承袭宋代陶瓷器生产风格，北方磁州窑、耀州窑、定窑、钧窑继续发展。

白釉瓷碗　金代

黑釉双系瓷罐　金代

金代印章

金代官印依据官职的高低分金、玉、银、铜不同质地，皇帝、皇后、太子的玺印用金或用玉，三师（太师、太傅、太保）、三公（太尉、司徒、司空）、亲王、尚书令之印均是用金印，诸郡王和正一品、从一品印为镀金银印，正二品、从二品官印采用镀金铜印，三品以下的官印均采用铜印。

“都弹压印”铜印 金代

金代设有弹压官，有镇压、安抚的职责。“都”有“总”“大”之意，官品冠以“都”，以重其权。都弹压印，即弹压官之印。

“都统所印”铜印 金代

都统为金代军职官员，级别较高。金代都统之设，始于其建国前，其制为五谋克一千户，四千户为一副统，两副统为一都统。“统”是统领、统率之意。

悟颖塔

俗名无影塔，传逢夏至无影，正为天中处。北宋早期僧人悟颖所建，明隆庆元年（1567）重建。为全国重点文物保护单位。

宝严寺塔

位于西平县城东关。始建于宋，明嘉靖、清光绪年间重修。塔内遗有自金明昌二年（1191）至清代的游人题记。

第七章 沙宁府地

元明清时期，驻马店市辖各县除泌阳外，均属汝宁府，治所在今汝南县城。金元以来，汝宁府地上承汝南望郡之文脉，在跌宕起伏中奋力前行，历经政权交替的风起与云涌、战争的创伤与弥合、经济的衰退与复苏。

经过元末多年的战争，整个中原地区土地荒芜，满目疮痍，明初汝宁府地区更是人口稀少，洪武初年，总人口不到 4 万。为了尽快恢复农业生产秩序，朱元璋下令从遭战争破坏较轻的太湖地区和山西洪洞地区移民至黄河下游和淮河流域屯田垦荒，并颁布一系列有利措施。汝宁府各县接收了大批洪洞移民。移民的增加，使汝宁府地区大片大片的荒地被开垦起来，重新种上了庄稼，农业经济迅速得以恢复。

汝宁府北城门

位于汝南县城北，始建于明洪武年间，正德年间重修，名曰北拱。清顺治十七年（1660）至康熙元年（1662）重建。城门高 7.5 米，砖砌拱券。1941 年城墙、城门被拆，仅留北瓮门。现北门为 1986 年重修。

元明清陶瓷器

元朝是中国陶瓷史发展的转折点。传统窑址的生产虽没有完全停顿，但产品质量较粗犷。随着景德镇窑的崛起，青花瓷成为后来明清的主要瓷器品种。明清时期是中国瓷器发展史上的极盛时期。除传统的单色釉瓷外，彩瓷得到了前所未有的发展，品种丰富多彩，霁红、矾红、霁青、粉青、冬青、紫绿、金、银、漆黑、杂彩，不同色彩之间相互辉映，争奇斗艳，呈现出了一派生机勃勃的瑰丽景象。

豆青釉瓷碗　元代

白地黑花瓷瓶　元代

白釉黑彩云凤纹瓷扁壶　元代

青花云龙纹瓶　元代

三彩舍利盒　明代

万历款青花花鸟纹缸　明代

带盖花鸟纹青花罐　明代

青花过墙龙盘 清代

青花人物故事纹瓶　清代

折枝莲纹青花瓶 清代

口径22.5厘米 底径25.7厘米 高54.6厘米

口外撇，束颈，折肩，腹微鼓，圈足，颈部有对称竹节状贯耳。器物整体装饰九层图案，主纹为折枝莲花，辅助纹饰有竹节纹、波涛纹、雷纹、如意纹等。

祭蓝描金六棱瓷瓶　清代

祭蓝釉折腹瓷碗　清代

祭蓝釉瓷炉　清代

祭蓝釉瓷绣墩　清代

粉彩人物方瓶　清代

口长 13.4 厘米　底长 10.3 厘米　高 43 厘米

方体，敞口，长颈，肩稍宽，腹稍鼓，下收，圈足，肩部有两兽首衔环双耳，白地粉彩，周身饰海波纹，瓶身饰多位仙人、童子。

粉彩人物纹长方形枕　清代

粉彩人物纹瓶　清代

粉彩花鸟纹帽筒　清代

哥釉盘口瓷瓶　清代

哥釉瓷瓶　清代

哥釉贴花人物瓷瓶　清代

哥釉瓷碗　清代

珍珠地浮雕苏武牧羊图瓷瓶　清代

明清玉器

明清玉器千姿百态，造型各异。清代玉工善于借鉴绘画、雕刻、工艺美术的成就，集阴线、阳线、镂空、俏色等多种传统做工及历代的艺术风格之大成，又受外来艺术影响并加以糅合变通，创造并发展了工艺性、装饰性极强的治玉工艺，有着鲜明的时代特点和较高的艺术造诣。

龙首螭纹青玉带钩 明代

长 19.8 厘米 宽 2.7 厘米 高 3.1 厘米

1982 年新蔡县百货公司家属楼挖地基出土

玉质青色。钩首为龙首，钩背上浮雕一螭龙，寓意“苍龙教子”。龙首双角后抿，滴水眼，口微张，嘴拱平齐。螭龙曲身上前，螭头略呈三角形，高额、猫耳、长发、三足爪，卷尾分叉，背上刻脊线。钩身下部有一椭圆形钩钮，钮柱较矮。

玉角形杯　明代

长 7.7 厘米　宽 4.2 厘米　高 9.2 厘米

玉质青白色，温润致密，有褐色土沁。器为整玉琢成的一角形杯，椭圆口，腹内壁光滑，杯身满饰螭龙纹与勾云纹。一侧镂雕攀附于杯口的螭龙，长尾卷于杯壁以上。此器集圆雕、镂雕、浮雕、阴刻于一身，层次分明，布局巧妙，为不可多得的艺术精品。

乳钉纹双耳青玉杯　明代

长 13 厘米　宽 7.2 厘米　高 3.5 厘米

玉质青白色。杯体较矮，圆直口，圈足。平顶双夔式耳，腹部凸雕三周乳钉纹。

玉鱼形坠 明代

玉质青色。用弦纹数道分别勾勒出鱼圆形眼，长背鳍、双叉尾。鱼口衔荷叶梗，尾部上翘，鳍张开，作游动状。身下雕一荷叶，阴刻叶脉。背面光素。

鹿鹤纹玉牌 明代

玉质青色，有褐色沁。扁平椭圆形，正面镂雕松、仙草、灵芝、鹤、鹿，其中鹿为行走中回首仰望天空中飞翔的仙鹤之形态。主题图案有“鹤鹿同春”“福禄寿”之意。

螭纹白玉提携　明代

玉质白色。正面通体镂雕繁茂的串枝花叶，花枝纵横交错，在盛开的花丛中穿行一条螭龙，螭龙头上宽下窄，卷云形双耳紧竖，额部较宽，细颈，尾较长，四肢匍匐，身体蜷曲，周边饰连珠纹。以高浮雕结合多层透雕技法雕琢，主题突出，层次分明。

马上封侯青玉佩　清代

长 7.1 厘米　宽 5.4 厘米　厚 1.4 厘米

玉质质地细腻，构图严谨、造型生动、线条流畅，作品整体以镂雕、立雕为主。纹饰主要由马和猴组成，运用“猴”与“侯”同音和隐喻等手法，寓意功名指日可待。

长方形玉带板　清代

活心岫玉牌　清代

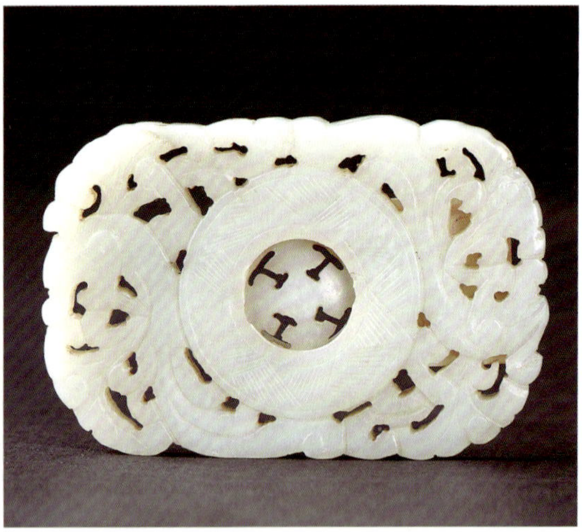

活心青玉佩　清代

双龙首青白玉镯　清代

“福寿康宁”青玉锁　清代

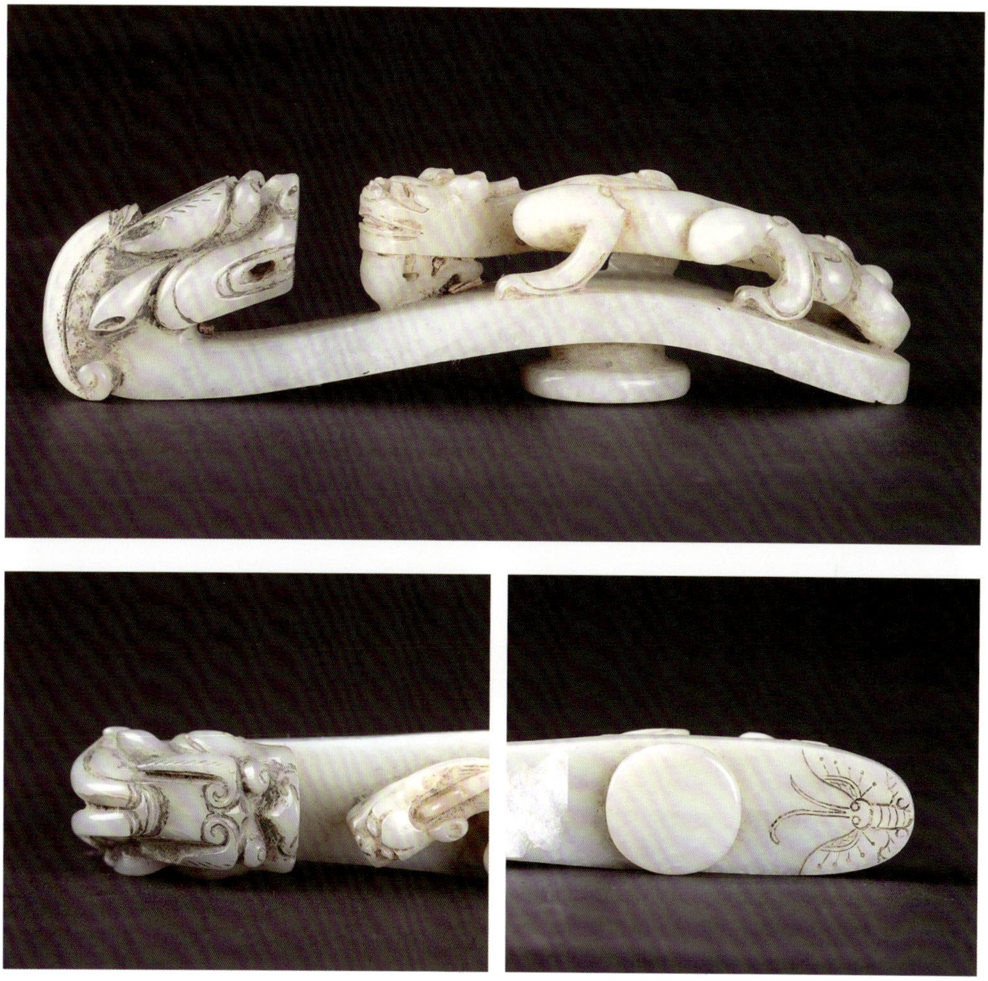

龙首青玉带钩　清代

白色，微有褐色瑕，玉质温润细腻。器体呈长条弧形，钩头饰龙首，钩身弧曲，饰蟠螭纹，背有圆钮。龙首双角，长发飘洒，凸额，鼓目，如意鼻，张口露齿。蟠螭为高浮雕，呈“S”形螭曲爬行状，头部有角，脑后飘拂着一缕毛发，高额立耳，突眉细目，长须。钮背近一端阴刻有动物形纹饰。

玉印章 清代

长 3.8 厘米 宽 3.8 厘米 高 5 厘米

玉质白色。印面为方形，阴刻篆书“云无心以出岫”字。印面残有印泥痕。

明顺阳王墓

位于上蔡县邵店乡金井吴村北。墓主人朱有烜（1385—1414），明太祖朱元璋之孙，周定王朱橚第三子，封顺阳王。墓室为砖筑纵列拱券结构，出土金、银、铜、陶、玉、锡、瓷、铁、象牙器等七十余件。

明代汝宁封藩一览表（按《明史》）

明朝崇国诸王				
天顺元年（1457）封，成化十年（1474）就藩汝宁府				
称号	国君姓名	关系	在位年份	注记
崇简王	朱见泽	朱祁镇嫡六子	1457—1505	天顺元年封，成化十年就藩汝宁府，弘治十八年薨
崇靖王	朱祐樒	朱见泽嫡一子	1508—1511	正德三年袭封，六年薨
崇恭王	朱厚燿	朱祐樒嫡一子	1514—1537	正德九年袭封，嘉靖十六年薨
崇庄王	朱载境	朱厚燿嫡一子	1539—1557	嘉靖十八年袭封，三十六年薨
崇端王	朱翊鐕	朱载境嫡一子	1558—1610	嘉靖三十七年袭封，万历三十八年薨
	朱常涟	朱翊鐕庶一子		万历元年封泰和王，六年改封世子，十一年未袭，薨，无子
	朱常瀊	朱翊鐕庶二子		万历九年封南阳王，十四年改封世子，三十年未袭，薨
崇王	朱由樻	朱常瀊庶一子	1612—1642	万历四十年袭封，崇祯十五年闰十一月，闯贼陷汝宁，王及世子慈煇俱被执
明朝汝宁国诸王				
嘉靖十四年（1535）封				
称号	国君姓名	关系	在位年份	注记
汝宁端恪王	朱勤然	朱枫嫡十四子	1535—1568	嘉靖十四年封，隆庆二年薨
汝宁荣简王	朱朝埭	朱勤然庶一子	1572—1594	隆庆六年袭封，万历二十二年薨
汝宁王	朱在唫	朱朝埭嫡一子	1597—1607	万历二十二年封长子，二十五年袭封，三十五年薨

续表

明朝汝南国藩王				
永乐初年（1403）封				
称号	国君姓名	关系	在位年份	注记
汝南王	朱有爋	朱橚 嫡二子	1403—1428	永乐初年封，宣德三年以罪削爵，除
明朝顺阳国藩王				
永乐初年（1403）封				
称号	国君姓名	关系	在位年份	注记
顺阳怀庄王	朱有烜	朱橚 庶三子	1403—1415	永乐初年封，十三年薨，无子，除

顺阳王墓

顺阳王墓内部

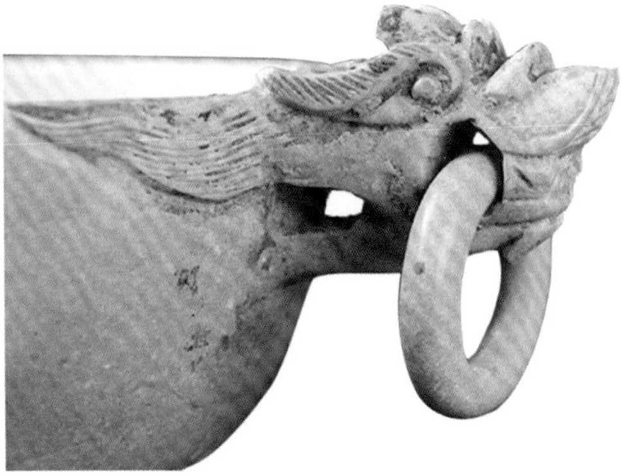

龙首衔环青玉碗　明代

口径 6.8 厘米　底径 3.1 厘米　高 4 厘米
1970 年上蔡县邵店乡金井吴村出土
口呈圆形而敞，深腹，圈足。碗口沿至上腹部饰一龙头。龙嘴处衔一环。

葫芦形白玉坠 明代

长 3 厘米　宽 1.1 厘米　高 3.6 厘米
1970 年上蔡县邵店乡金井吴村出土
正反两面雕刻一大一小两个葫芦，背靠背相互交错形成一体。上部有孔以作系绳之用。

双童执莲白玉佩 明代

长 7.2 厘米　宽 3.6 厘米　厚 0.9 厘米
1970 年上蔡县邵店乡金井吴村出土
上端为椭圆形，下端呈长方形。两男童面对面而立，一童扶瓶，一童握瓶中插的莲花，两男童圆脸丰满，憨态可掬。

瓶形玉饰　明代

长 2.8 厘米　宽 1.2 厘米　高 4.8 厘米
1970 年上蔡县邵店乡金井吴村出土
体形似瓶，敞口，长颈，颈附两耳，略鼓腹，假圈足。口沿上部及颈部各有两个圆孔相通。

瓶形玉饰　明代

长 3.4 厘米　宽 1.8 厘米　高 5.3 厘米
1970 年上蔡县邵店乡金井吴村出土
敞口，长颈，鼓腹。口部与底部之间有一圆孔相通。

云凤纹玉佩 明代

长 8.2 厘米 宽 4.2 厘米 厚 0.3 厘米

1970 年上蔡县邵店乡金井吴村出土

受沁灰白色。为三角云头形。正面阴刻飞凤展翅于祥云之上，以短阴刻线示羽毛，凤尾后扬。背面阴刻如意云纹。边沿饰弦纹一周，上部中间有两穿孔，下部中间及两侧各有一穿孔。

云凤纹青白玉佩 明代

长 4.2 厘米 宽 3.6 厘米 厚 0.3 厘米

1970 年上蔡县邵店乡金井吴村出土

青玉，土沁后泛白。委角方形玉片两面都有纹饰，一面阴刻凤纹，另一面阴刻云纹。上下部中间各有三个圆形穿孔，穿孔为一面钻。

叶形玉饰一组　明代

1970 年上蔡县邵店乡金井吴村出土

体如叶形。玉饰身上雕刻出叶脉状，并有一小圆孔。

玉桃一组 明代

1970 年上蔡县邵店乡金井吴村出土

体如桃形，有数片桃叶衬托，桃叶雕刻出叶脉状。

玉石榴一组　明代

1970 年上蔡县邵店乡金井吴村出土

体如石榴，有数片石榴叶衬托，石榴叶雕刻出叶脉状。

玉鸳鸯一组 明代

长 3.3—4 厘米 宽 2.2—2.7 厘米 厚 1 厘米

1970 年上蔡县邵店乡金井吴村出土

驻马店市博物馆藏

体呈鸳鸯形。扁嘴，短颈，双冠，圆眼，挺胸，两翅，两足，状如鸳鸯游水。鸳鸯身上有三个圆孔。

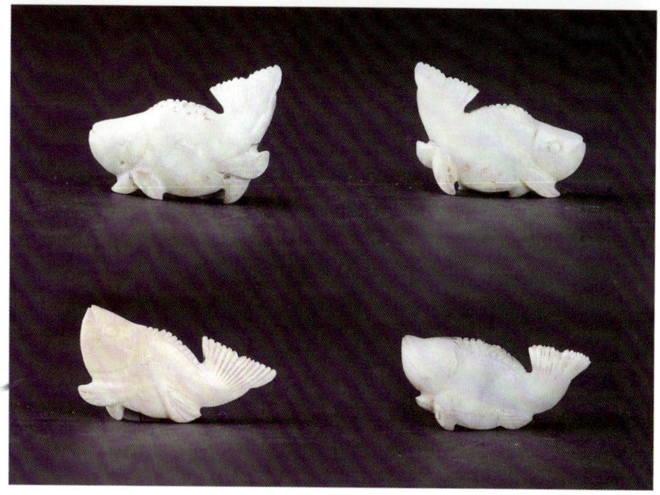

青白玉鱼一组　明代

长 4.3 厘米　宽 0.6 厘米　高 2.1 厘米
1970 年上蔡县邵店乡金井吴村出土
驻马店市博物馆藏

体呈鱼形，阴刻圆眼，唇微张，尾部上扬，背鳍和尾部背呈锯齿状。鱼身素面无鱼鳞。

带盖双系人物故事纹金壶 明代

口径 1.4 厘米　底径 1.5 厘米　高 4.1 厘米
1970 年上蔡县邵店乡金井吴村出土
驻马店市博物馆藏

金壶有盖，细颈、鼓腹，肩部有对称双耳，圈足。盖上刻有线条匀称流畅的花朵纹，颈部刻有构图精巧的几何图案。重点在腹部，刻着一幅生动的月夜送行图。

凤凰形金饰　明代

长 6 厘米　宽 5.6 厘米　高 1.3 厘米
1970 年上蔡县邵店乡金井吴村出土
驻马店市博物馆藏

凤凰呈展翅欲飞状，脚踏祥云。凤体外廓、鳞形羽瓣及云朵均以金掐丝技法制作而成。编织匀称紧凑，疏密得体。

龙首金镯　明代

直径 7.4 厘米　厚 1 厘米

1970 年上蔡县邵店乡金井吴村出土

驻马店市博物馆藏

镯呈圆形，镯体为圆形颗粒连接，两端为龙首形。

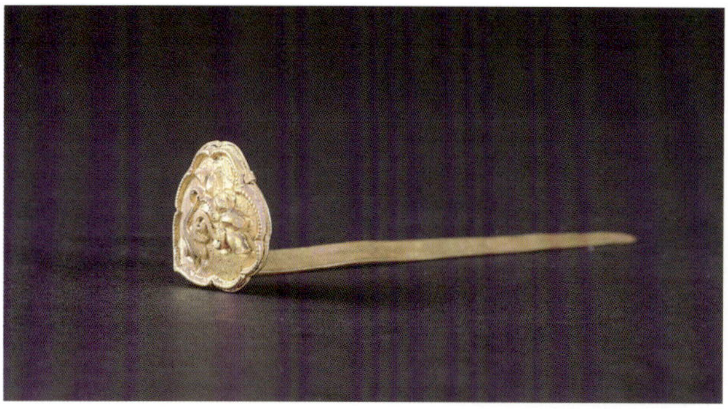

如意形首金簪　明代

1970 年上蔡县邵店乡金井吴村出土

镶宝石金簪　明代

1970 年上蔡县邵店乡金井吴村出土

金簪　明代

长 12 厘米　宽 1.1 厘米
1970 年上蔡县邵店乡金井吴村出土
由簪柄、簪面组成。柄呈细长圆形，与簪面连接，面为金丝盘绕成的花之形状。

银鎏金顶 明代

1970年上蔡县邵店乡金井吴村出土

金顶 明代

1970年上蔡县邵店乡金井吴村出土

金耳勺 明代

1970 年上蔡县邵店乡金井吴村出土

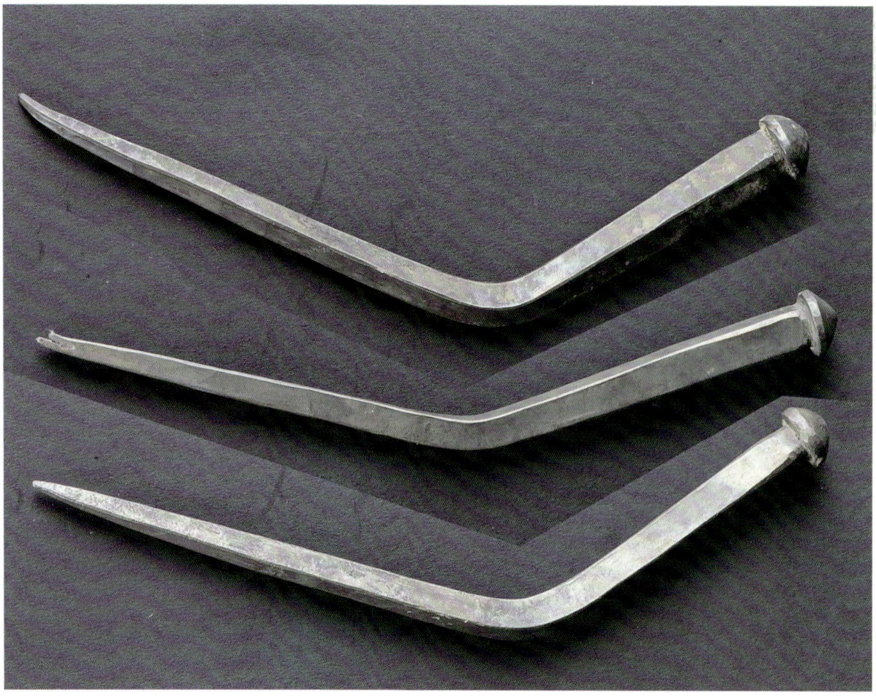

银钉 明代

1970 年上蔡县邵店乡金井吴村出土

带链铜炉　明代

1970年上蔡县邵店乡金井吴村出土

明清佛教造像

明清时期是我国佛教发展的鼎盛时期，同时期佛教造像也成为当时有名的艺术表现形式。其中寺庙造像是佛教艺术的主流形式，壁画、木雕、金铜等造像得以迅速发展，特别是十三世纪在青藏高原兴起的藏传佛教，为佛教艺术注入了新的血液。

噶玛巴嵌金铜像 明代

长 20.3 厘米　宽 17.6 厘米　高 30 厘米

头戴冠，鼻高直，大耳，面部表情庄重安详，上身穿交领宽袖长袍，左手执一宝葫芦于腿上，右手搭在腿上，坐像盘腿坐于束腰仰覆莲花座之上，佛像通身布满镶嵌的金花，莲花座鎏金。

鎏金嵌宝弥勒菩萨铜像　明代

长 9.6 厘米　宽 7.5 厘米　高 15.1 厘米

此尊佛像头戴高冠，上身袒露，身上有璎珞、项圈之类庄严的器具，上面镶嵌绿松石。两手交叠置于胸前，左手持物。结跏趺坐在莲花座上，造型简洁。

观音鎏金铜坐像 明代

长15.2厘米 宽11.5厘米 高23.5厘米

坐像双目微睁，凝神端坐，体态丰腴，头戴宝冠，衣纹线条舒展，右手抬于胸前，左手置于腿上，双手均持说法印，结跏趺坐于莲花座上。

观音鎏金铜坐像 明代

观音铜坐像　明代

三面观音铜坐像　明代

释迦牟尼鎏金铜坐像 明代

长 22 厘米 宽 16.2 厘米 高 38.8 厘米

坐像头饰螺发，顶饰肉髻，大耳下垂，额际高广，双目低垂，嘴角上翘。身着袈裟，衣缘宽阔，衣纹如波浪状自然贴身而垂。莲座为宽大的仰莲形式，给人以端庄稳重之感。

释迦牟尼铜坐像　明代

释迦牟尼鎏金铜坐像　明代

释迦牟尼鎏金铜坐像　明代

释迦牟尼铜坐像　明代

释迦牟尼铜坐像　明代

释迦牟尼石坐像　明代

释迦牟尼鎏金铜坐像　明代

释迦牟尼鎏金铜坐像　明代

绿度母鎏金铜站像 清代

长 5.9 厘米　宽 4.8 厘米　高 12.5 厘米

佛像立于莲花座上，头戴宝冠，上身袒露，身饰璎珞。右手上伸，置于胸前，掌心向外，左手下垂，掌心向下，双手均持说法印。两肩处有莲花。表情静穆高洁，体态匀称。

白度母鎏金铜像　清代

文殊菩萨铜像　清代

鎏金铜佛像　清代

驻马店市博物馆明清佛教造像展厅

明清印章与杂项

“张九一印”石印　明代

张九一（1534—1599），字助甫，号周田，新蔡县孙召乡绿波楼村人。嘉靖三十二年（1553）进士。官湖广参议。累至右佥都御史，巡抚宁夏。张九一博览群书，才华横溢，以文章出名，著有《绿波楼诗集》。

“助父”石印　明代

“苏州之印”铜印 明代

笏板　明代

象牙笏板　明代

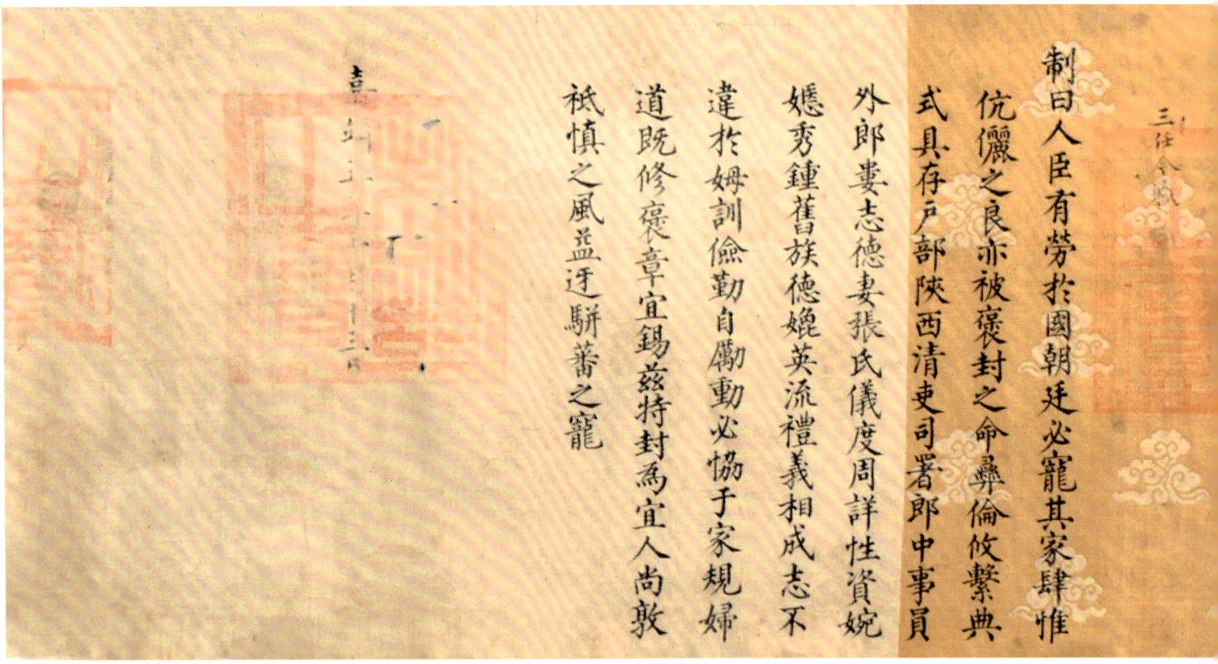

制曰人臣有勞於國朝廷必寵其家肆惟
伉儷之良亦被褒封之命彝倫攸繫典
式具存戶部陝西清吏司署郎中事員
外郎婁志德妻張氏儀度周詳性資婉
嫕秀鍾舊族德媲英流禮義相成志不
違於姆訓儉勤自勵動必協于家規婦
道既修褒章宜錫茲特封為宜人尚敦
祗慎之風益迓駢蕃之寵

嘉靖[illegible]

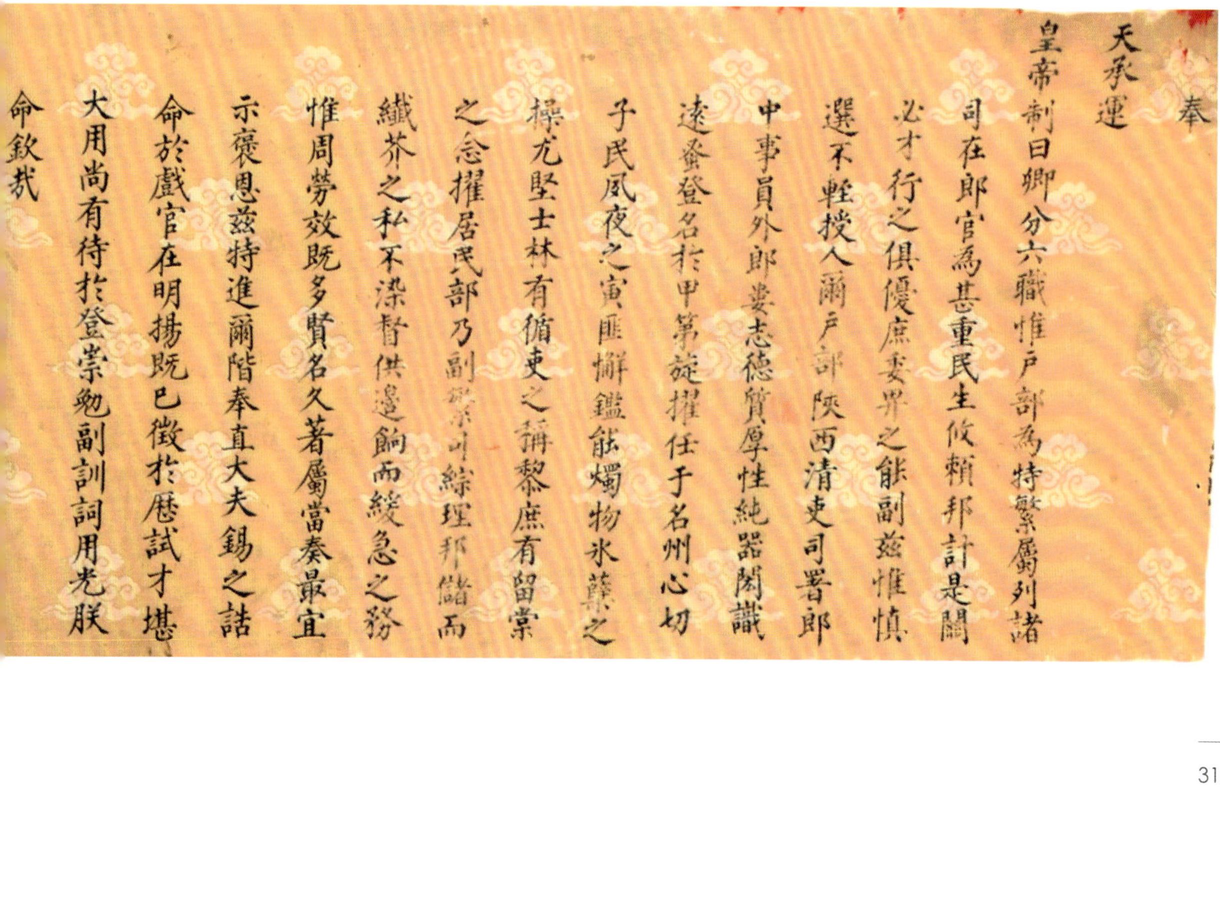

奉
天承運
皇帝制曰卿分六職惟戶部為特繁屬列諸
司在郎官為甚重民生攸賴邦計是關
必才行之俱優庶委畀之能副茲惟慎
選不輕授人爾戶部陝西清吏司署郎
中事員外郎婁志德質厚性純器閎識
遠發登名於甲第旋擢任于名州心切
子民夙夜之寅匪懈鑑能燭物氷蘗之
操尤堅士林有循吏之稱黎庶有留棠
之念擢居民部乃副[illegible]綜理邦儲而
纖芥之私不染督供邊餉而緩急之務
惟周勞效既多賢名久著屬當奏最宜
示褒恩茲特進爾階奉直大夫錫之誥
命於戲官在明揚既已徵於歷試才堪
大用尚有待於登崇勉副訓詞用光朕
命欽哉

圣旨　明代

长 121.5 厘米　宽 30.5 厘米

为绫制品，绫上印有祥云图案。卷首为“奉天承运”四字，内容为嘉靖五年朝廷对户部陕西清吏司署郎中事员外郎娄志德及家眷张氏的褒奖册封。馆阁体正楷书写，钤盖“制诰之宝” 两枚朱文方印。

清宋祖法寿屏

屏风原藏于河南省新蔡县县城北部小十字街西南角建于明朝嘉靖年间的“宋氏祠堂”。三组巨大的兴盛于明末清初的款彩漆雕画屏风一套三组，每组十二扇，共三十六扇，据测量每扇屏风通高 2.83 米，宽 0.47 米，每组十二扇屏风共宽 5.64 米，每扇屏风用铁制铰链相连，加上铰链连接的空隙，每组屏风的宽度在 5.7 米

以上。这是清顺治十八年（1661）辛丑岁仲秋日，由赐进士第资德大夫、太子少傅、户部尚书兼武英殿大学士（使用的明朝官称）年家治生黄景昉撰文，并携三百四十六位八闽籍文官，与赐进士第光禄大夫（使用的明朝官称），经略湖广、四川、广西、云贵等处地方总督军务，兼理粮饷太傅，太子太师，武英殿大学士，兵部尚书，兼都察院右副都御史（使用的清朝官称）年家治生洪承畴撰文，并携

第一组《西园雅集图》

五十三位八闽籍武官，共同为大柱国（大台柱）即天卿澹翁大文宗宋老祖老先生祝寿的寿礼。三组大寿屏气势磅礴，刻工细腻，情节生动，布局合理又掩映多姿，可谓屏风中的皇皇巨制。

第一组黄景昉撰写荣寿序文屏风的背面是《西园雅集图》，第二组洪承畴撰写荣寿序文屏风的背面是《兰亭修禊图》，第三组为《兰亭修禊图》。

屏风主人，即黄景昉撰写的《大柱国即天卿澺翁大文宗宋老公祖老先生荣寿序》和洪承畴撰写的《大台柱即师相澺翁宋老公祖老先生荣寿序》的主人翁宋祖法。

据宋氏祠堂《重修含元楼碑记》记载："宋氏原籍江苏溧阳，明初迁居新蔡，世代为官。"据《新蔡县志》记载：宋祖法（1596—1678），字尔绳，号澺水，移居古吕镇，祖训，官至通政司参议，父有德，为诸生，屡试不第，性好栽花植竹，

第二组《兰亭修禊图》

诗酒自娱。祖法自幼热爱读书，七岁能文，十六岁入县学，明崇祯三年（1630）中举人，崇祯七年（1634）进士，授齐河知。到任不久，因父病故，归里服孝，孝满补任祁门知县，不久调任历城。崇祯十二年（1639），山东乡试，文武统考，历城中举七人，祖法以此扬名，晋为兵部职方司郎中。不久调任易州兵备道，旋升都察院右佥都御史，巡抚保定。崇祯十七年（1644）清人入关，宋祖法归乡隐

居，属吏同僚屡劝出任，清顺治十一年（1654）春终于奉诏出任泾州刺史，泾州地处偏远，苦寒难治。宋祖法到任后，招收流民，清查地亩，平均赋役，修筑城池，半年之间，百废俱兴。省城秋闱，泾州得中九名，因此晋升兵部，任车驾司郎中。顺治十七年（1660），宋祖法调离京师，出任福建学政，由于他学识渊博，执教有方，仅仅一年时间就改变了闽南教育落后的状况，为国家培养了不少福建籍人才。

第三组《兰亭修禊图》

康熙元年（1662）弃官归乡，建寺拜佛，寿终正寝。

撰写《大柱国即天卿澺翁大文宗宋老公祖老先生荣寿序》的黄景昉(1596—1662)，字可远、太樨，号东崖，明末清初晋江东石人，迁居泉州。

撰写《大台柱即师相澺翁宋老公祖老先生荣寿序》的洪承畴(1593—1665)，字彦演，号亨九，福建南安人。

黄景昉和洪承畴均是福建泉州人，且与宋祖法年龄相当，在明朝与宋祖法同朝为官，后又仕清，他们两个是朝廷大员，宋祖法是下级官员，官职比宋祖法高。他二人为什么要给一个下级官员送如此大礼呢？原来清顺治十七年(1660)，宋祖法接替陈瑾，提学福建后，为黄景昉和洪承畴的家乡教育事业做出了突出贡献，深得黄景昉和洪承畴等人的尊敬和爱戴，所以，特殊的人物在特殊的时间，携八

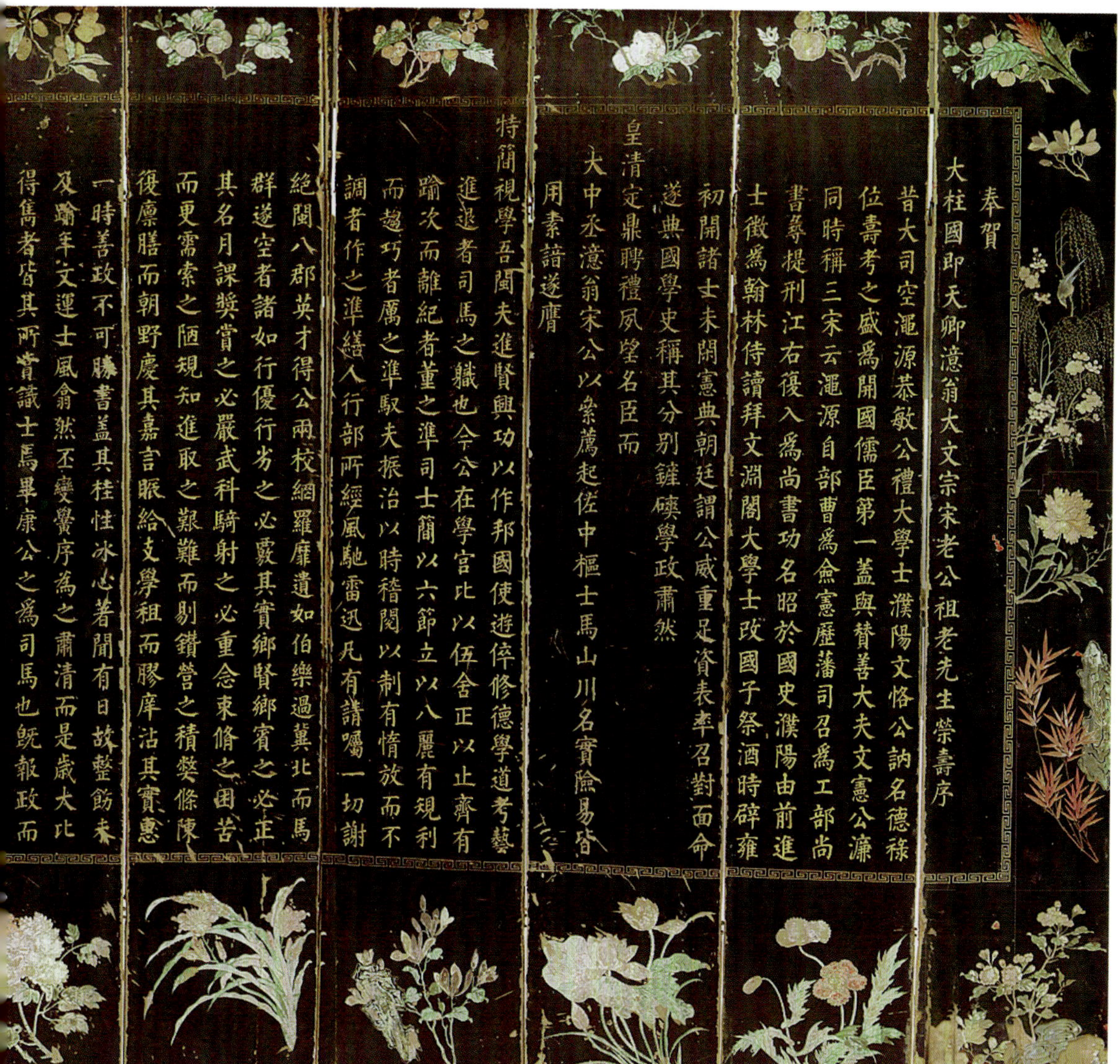

黄景昉撰《大柱国即天卿澺翁大文宗宋老公祖老先生荣寿序》

闽才子四百多人为一位在清统治时期为八闽教育做出特殊贡献的宋祖法祝寿并赠送屏风寿礼，这在清代历史上是绝无仅有的。

屏风是可以折叠的围屏，一般有四、六、八、十二片单扇屏配置连成，一组十二扇的屏风在清代以前，是帝王将相的专用陈设，多置于正殿（室）主座之后，既彰显出室内布置的富丽典雅，又衬托出主人地位的威仪与尊贵。明清时期，出

现集纳多种装饰技法于一体的髹漆屏风。这件三十六扇屏风，正面刻贺文，背面款彩技法临名画，为国内之罕见。

洪承畴撰《大台柱即师相澹翁宋老公祖老先生荣寿序》

屏风正面

屏风背面

汝南天官堤

明代廉吏李本固主持兴建的汝南天官堤，至今依然坚固如初。李本固（1559—1638），字叔茂，汝阳（今汝南县）人，历任蒲城县令、御史，云南道御史，光禄寺卿，太仆少卿，死后追封工部右侍郎。著有《汝南志》《汝南遗事》等。

焦芳墓

位于泌阳贾楼乡焦坟村南。焦芳（1434—1517），字孟阳，号守静，泌阳人。明天顺八年（1464）进士，为正德年间吏部尚书，文渊阁大学士。

“登瀛”石刻

汝南南湖书院“登瀛”石刻， 南湖书院，明清汝宁府官办书院，明嘉靖十三年(1534)建，初名“笃志书院”，四十一年（1562）改名天中书院，清雍正元年（1723）迁南海，称南湖书院，现遗有清乾隆御笔“登瀛”石刻。

文庙大成殿

位于新蔡县城古吕镇。元大德八年（1304）建于城外东南隅，明洪武十一年(1378)重修，嘉靖已酉年（1549）迁建于今址。清顺治、康熙年间重修。这里是当时的地方文化、教育中心，同时也是祭祀和供奉孔子之处。

汝南县瓠二桥

汝河北关石桥，又名宏济、博爱桥，位于县城北关，始建于明弘治十八年（1505），嘉靖年间重修。汝河东关石桥，又名济民桥，始建于明成化十九年（1483），崇祯六年（1633）重修，清顺治八年（1651）再次重修。

后 记

如果说人类历史是汪洋大海，那么博物馆就是只取一瓢饮的水器，就是撷取海浪遗珠的竹篓。那一瓢历史的海水与一颗颗文明的遗珠，足以辉映出艺术的魅力与人文的奇迹，足以以不可思议的力量给予我们启迪，影响并丰富我们的生活。

驻马店市博物馆的适时建立就是希望在天中文化的历史海洋中打捞闪闪发光的中原文化。这也是我馆组织专业人员经过认真思考和研究，编写《厚重天中——驻马店历史文化陈列》一书，以彰显天中文化的博大精深和精湛魅力的初衷。

在此书即将出版之际，感谢驻马店市文化广电新闻出版局李林清局长、余新宏副局长对编写工作的大力支持。感谢中国社会科学院黄万坡先生及河南省文物考古研究院的展品支援。感谢河南博物院副院长张德水、李宏，陈展部李琴主任、王景荃副主任给予的倾情关怀和鼎力支持。

此书在编写过程中由于编者水平有限，难免有不当和遗漏之处，敬请读者批评指正。

驻马店市博物馆馆长　谢辰

2017 年 5 月

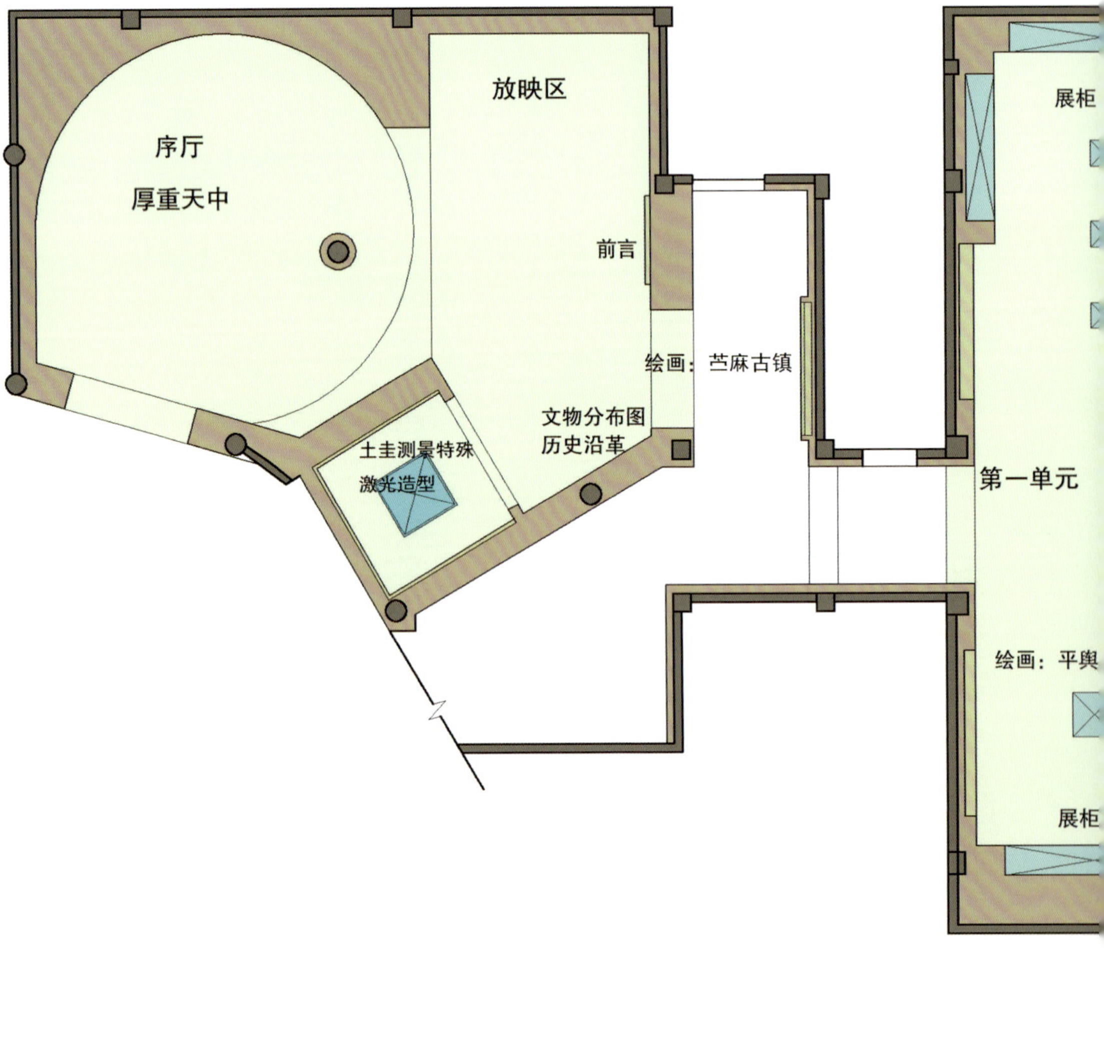
放映区
序厅
厚重天中
前言
绘画：苎麻古镇
文物分布图
历史沿革
土圭测景特殊
激光造型
展柜
第一单元
绘画：平舆
展柜

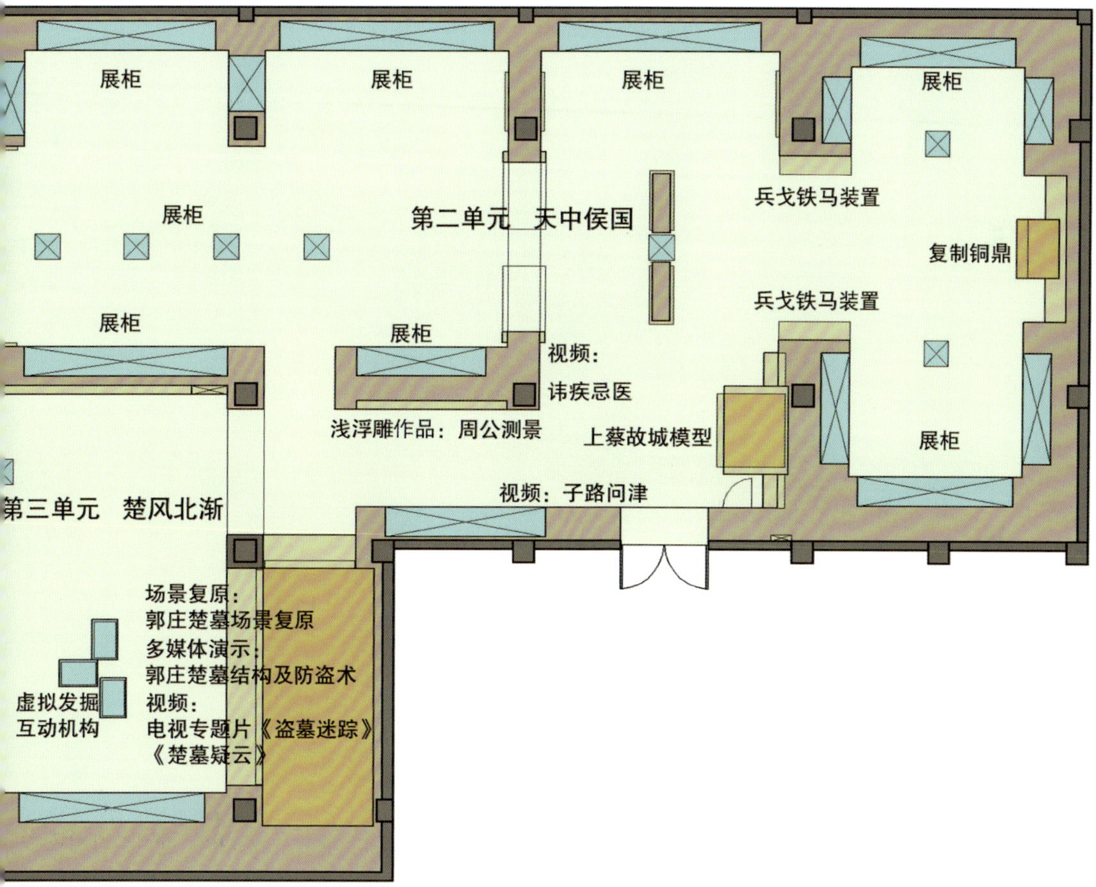
展柜
展柜
展柜
展柜
展柜
第二单元　天中侯国
兵戈铁马装置
复制铜鼎
兵戈铁马装置
展柜
展柜
视频：
讳疾忌医
浅浮雕作品：周公测景
上蔡故城模型
展柜
视频：子路问津
第三单元　楚风北渐
场景复原：
郭庄楚墓场景复原
多媒体演示：
郭庄楚墓结构及防盗术
视频：
电视专题片《盗墓迷踪》
《楚墓疑云》
虚拟发掘
互动机构

一楼平面图

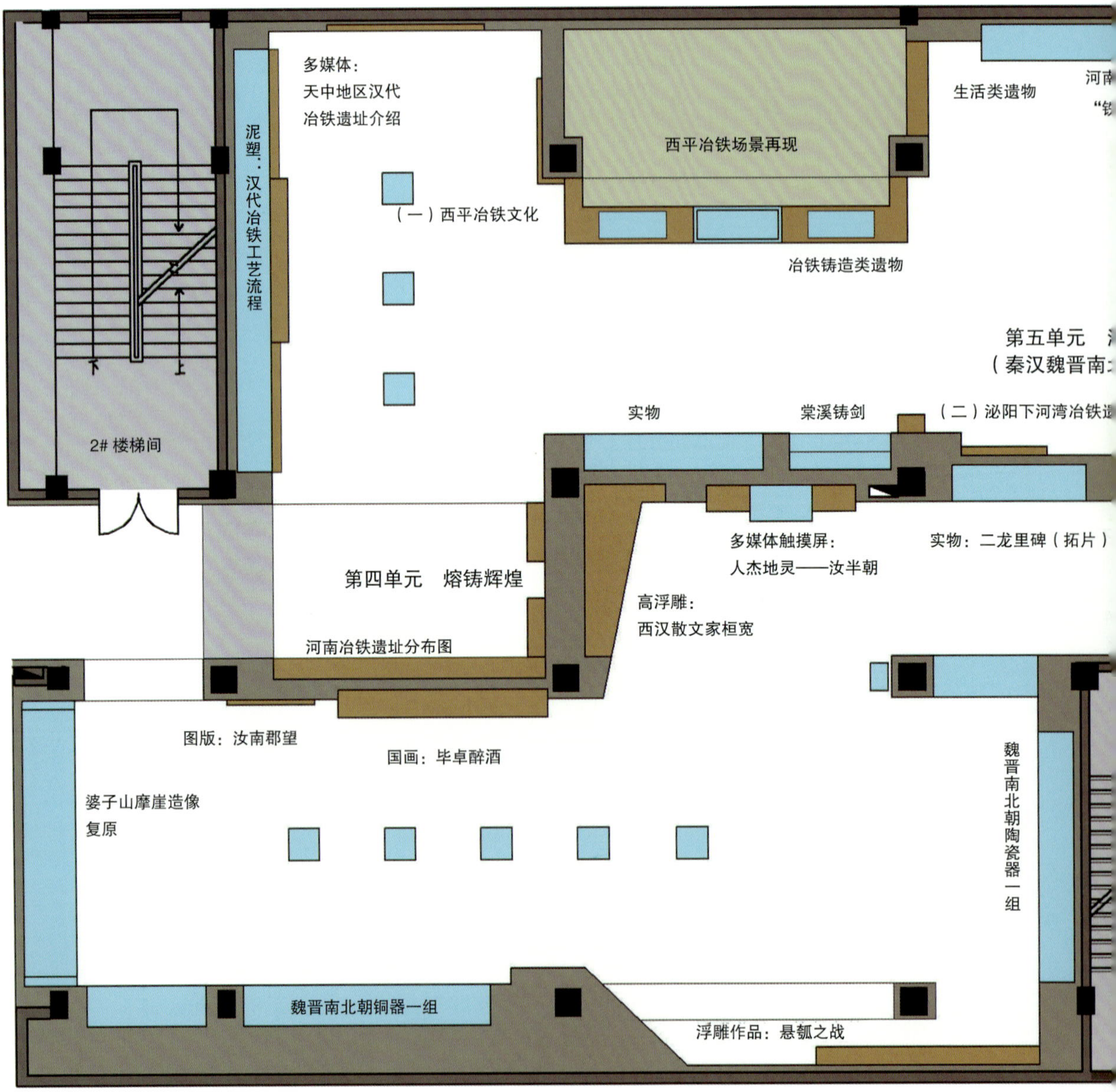

多媒体：
天中地区汉代
冶铁遗址介绍
西平冶铁场景再现
生活类遗物
泥塑：汉代冶铁工艺流程
（一）西平冶铁文化
冶铁铸造类遗物
第五单元
（秦汉魏晋南
实物
棠溪铸剑
（二）泌阳下河湾冶铁
2# 楼梯间
下
上
多媒体触摸屏：
人杰地灵——汝半朝
实物：二龙里碑（拓片）
第四单元　熔铸辉煌
高浮雕：
西汉散文家桓宽
河南冶铁遗址分布图
图版：汝南郡望
国画：毕卓醉酒
婆子山摩崖造像
复原
魏晋南北朝陶瓷器一组
魏晋南北朝铜器一组
浮雕作品：悬瓠之战

实物：泌阳大曹庄秦墓
出土文物一组（复制）
图
"千古一相"李斯
实物：汉代陶瓷器一组
实物：汉代陶俑一组
汉代水利设施
鸿隙陂地形图
实物：官庄秦墓等出土文物一组
图版：汝南郡辖区域图
实物：汉代金银器一组
实物：汉代印章一组（附印文）
杨守敬《水经注图》
图版：汝南侯国一览表
石阙 复原
实物：汉代玉器一组
实物：汉代铜器一组
牛）
袁安碑（拓片）
油画作品：月旦评
实物：汉代铜器一组
电梯间
图版：
李冢墓群中字形墓平面图
实物：李冢墓群出土实物一组
多媒体视频：铜镜
实物：汉代铜镜一组
强电间

二楼平面图

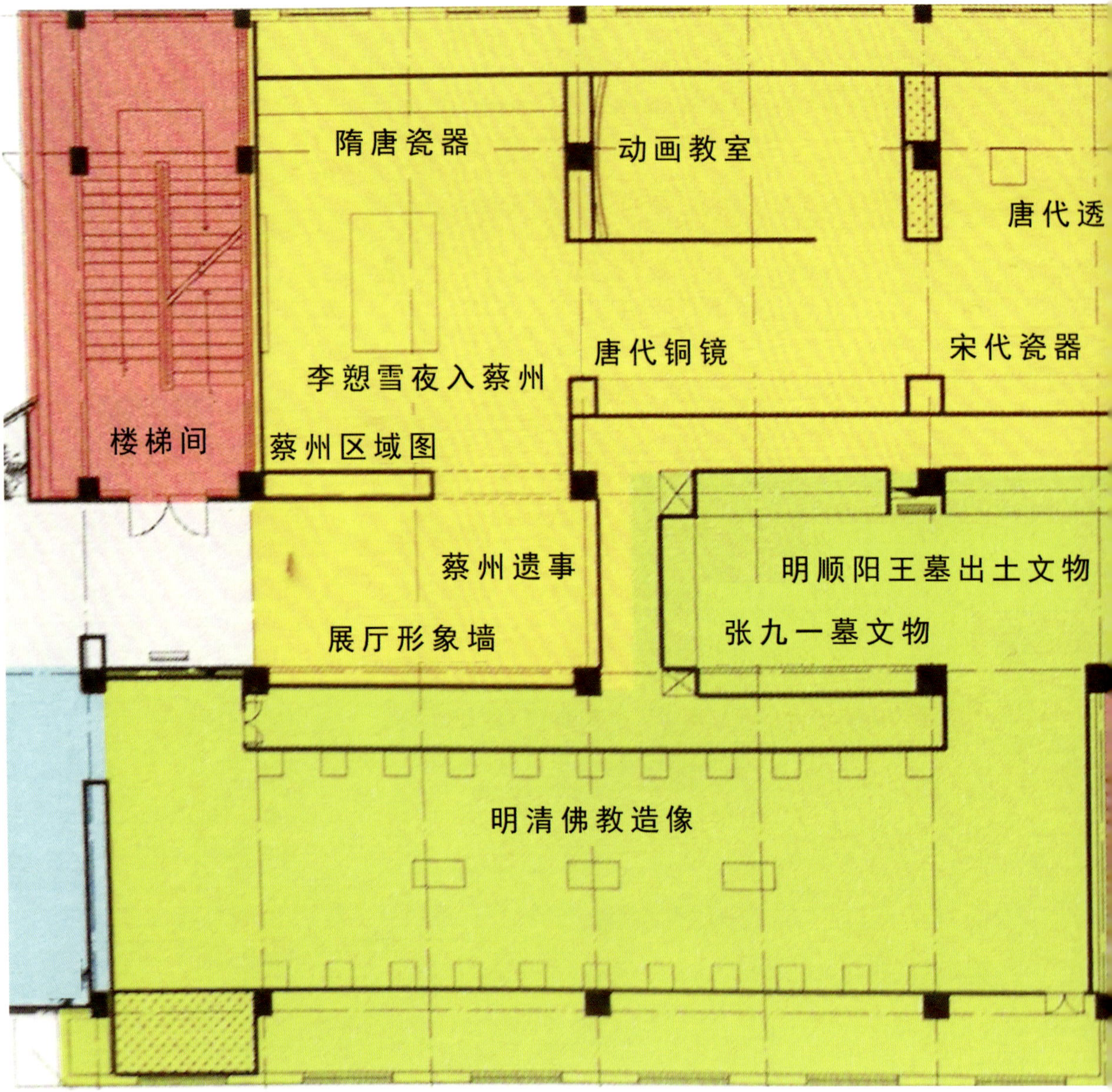
隋唐瓷器
动画教室
唐代透
唐代铜镜
宋代瓷器
李愬雪夜入蔡州
楼梯间
蔡州区域图
蔡州遗事
明顺阳王墓出土文物
展厅形象墙
张九一墓文物
明清佛教造像

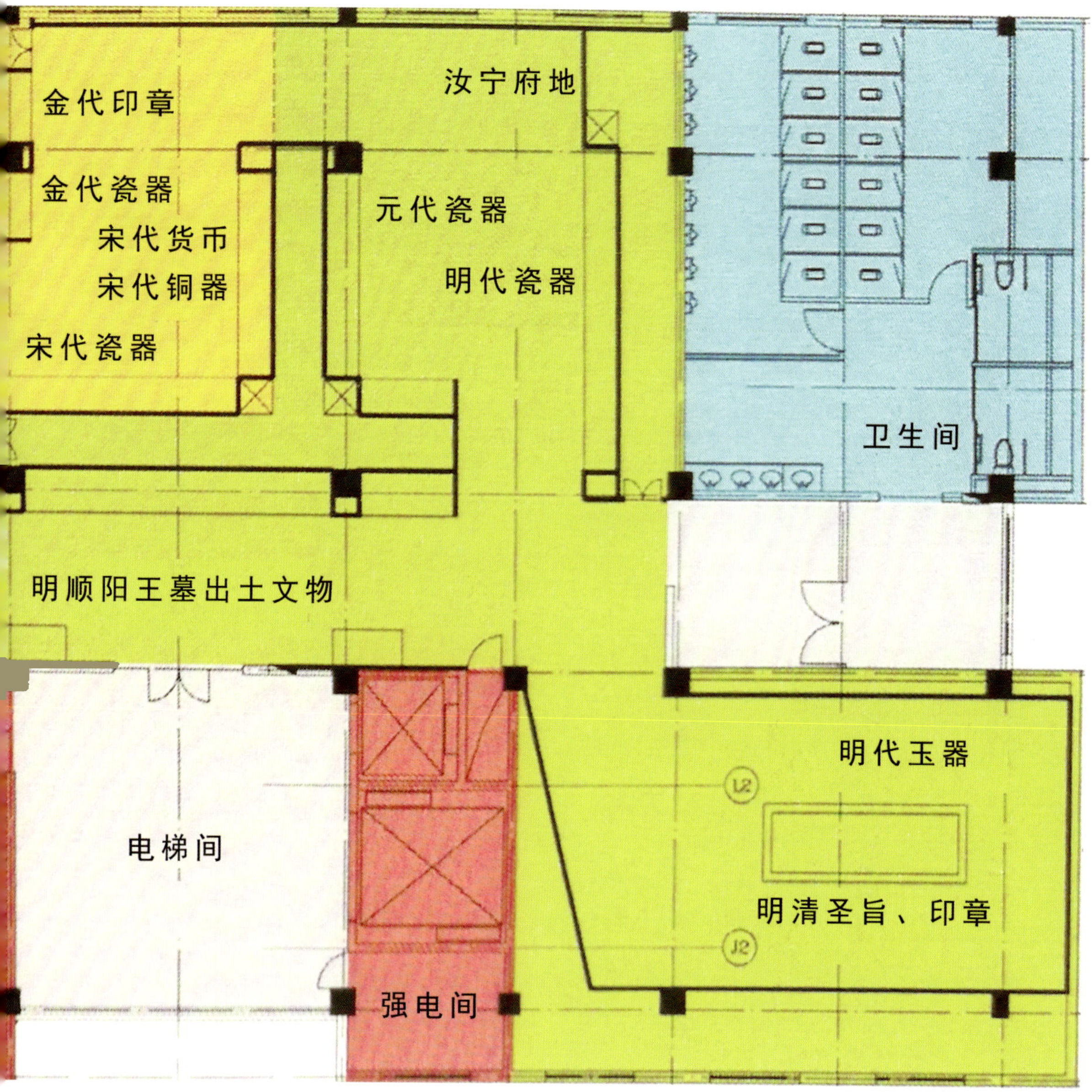
汝宁府地
金代印章
金代瓷器
宋代货币
宋代铜器
宋代瓷器
元代瓷器
明代瓷器
卫生间
明顺阳王墓出土文物
明代玉器
电梯间
明清圣旨、印章
强电间

三楼平面图